ボランティアを生みだすもの

利他の計量社会学

三谷はるよ

目　次

序章　ボランティアを生みだす○○？　　1

1. 誰がなぜ，ボランティアになるのか　3
　　——「利他」の条件の探究
2. ボランティアを生みだす「社会」への視点　4
3. ボランティアへの"計量的"アプローチ　6
4. 本書におけるボランティア行動の定義　7
5. 本書の構成と要約　9

第1章　ボランティア研究の背景と展開　　13

1. ボランティアがもつ現代的な意義　15
   - 1.1　新しい市民社会論の隆盛　15
     ——民主主義の体現者として
   - 1.2　福祉国家論から福祉社会論へ　17
     ——参加する福祉の体現者として
   - 1.3　個人化論の浸透　19
     ——連帯の体現者として
2. これまでのボランティア研究　22
   - 2.1　諸外国におけるボランティア研究　23
   - 2.2　日本におけるボランティア研究　26
3. 本書の位置づけ　29
   - 3.1　日本におけるボランティア研究の課題　29
   - 3.2　本書のアプローチと貢献　31

第2章　誰がなぜ，ボランティアになるのか？　33

1　統計データからみる日本のボランティアの現状　35
   1.1　ボランティア活動率の国際比較　35
   1.2　ボランティア活動率の継時的変化　37
   1.3　ボランティアの人口学的特性　38
2　4つの説明理論　40
   2.1　資源理論　41
   2.2　共感理論　44
   2.3　宗教理論　48
   2.4　社会化理論　51
3　統合理論の提案　54
   3.1　理論間の関係性の検討　54
      ——統合理論とは
   3.2　各章における検討課題　57
   付記1　その他の要因の影響について　57
   付記2　使用するデータについて　59

第3章　富裕層ほど「ボランティアになる」のか？　65
Ⅰ　ボランティア活動参加

   はじめに　67
1　高階層傾向のゆくえを追う　67
2　データと変数　69
   2.1　データ　69
   2.2　変　数　69
3　分析結果　71
   3.1　クロス集計からみる社会階層とボランティア活動参加の関連　71
   3.2　多変量解析からみる社会階層とボランティア活動参加の関連　75
4　考　察　77
   ——資源はボランティア活動への参加を促すのか

第4章 富裕層ほど「ボランティアになる」のか？　83
Ⅱ　援助行為

はじめに　85
1　「Kパターン」のゆくえを追う　85
　1.1　ボランティア行動の2類型　85
　1.2　階層的二相性（Kパターン）論の検証へ　86
2　データと変数　89
　2.1　データ　89
　2.2　変数　89
3　分析結果　91
　3.1　クロス集計からみる社会階層と援助行為の関連　91
　3.2　多変量解析からみる社会階層と援助行為の関連　93
4　考　察　96
　——資源は援助行為を促すのか

第5章 どんな資源や心をもつ人が「ボランティアになる」のか？　101

はじめに　103
1　ボランティアに必要なのは資源か？　心か？　103
　1.1　越境される社会学と心理学　103
　　——領域横断的な研究の課題
　1.2　資源→フォーマル？／心→インフォーマル？　104
2　データと変数　108
　2.1　データ　108
　2.2　変数　108
3　分析結果　110
　3.1　ボランティアの社会経済的資源と主観的性質　110
　3.2　多変量解析からみる社会経済的資源と主観的性質の影響　111
4　考　察　113
　——どんな資源や心が人をボランティアにするのか

第6章　どんな宗教性をもつ人が「ボランティアになる」のか？　117

　　　はじめに　119
　1　ボランティア行動を誘発する宗教性とは　119
　　　1.1　見逃されていた多元的宗教性の視点　119
　　　1.2　集合的宗教性か？　拡散的宗教性か？　120
　2　データと変数　124
　　　2.1　データ　124
　　　2.2　変　数　125
　3　分析結果　128
　　　3.1　ボランティアにおける宗教性の諸次元　128
　　　3.2　多変量解析からみる宗教性の諸次元の影響　130
　4　考　察　131
　　　──宗教性のどのような面がボランティア行動を促すのか

第7章　どんな環境で育った人が「ボランティアになる」のか？　137

　　　はじめに　139
　1　「社会化」の視点からみるボランティア行動　139
　　　1.1　ボランティア行動は学習されている？　139
　　　1.2　ボランティア行動を促す社会化エージェントとは　140
　　　1.3　社会化プロセスの2つの経路　142
　2　データと変数　143
　　　2.1　データ　143
　　　2.2　変　数　144
　3　分析結果　145
　　　3.1　社会化エージェントとボランティア行動の相関関係　145
　　　3.2　社会化エージェント・態度・ボランティア行動の関連　145
　4　考　察　152
　　　──どのような社会環境がボランティア行動を生みだすのか

第8章　ボランティアを生みだす社会へ　　157

1　分析結果のまとめ　159
2　分析結果が意味すること　160
　2.1　なぜ高等教育はボランティア行動を促すのか　161
　2.2　なぜ収入や職業はボランティア行動に影響しないのか　164
　2.3　通底している原理とは　166
　2.4　「社会化モデル」が意味するもの　167
3　今後の課題と展望　171
　3.1　本書の限界と課題　171
　3.2　ボランティアを生みだす社会へ　173
　　　——後期近代における「社会化モデル」のゆくえ

文　献　179
初出一覧　199
あとがき　201
事項索引　205
人名索引　212

著者紹介

三谷はるよ（みたに・はるよ）

龍谷大学社会学部准教授

博士（人間科学）

略　歴

1986 年，石川県輪島市生まれ。

2009 年，大阪大学人間科学部卒業。

2011 年，大阪大学大学院人間科学研究科博士前期課程修了。

2014 年，大阪大学大学院人間科学研究科博士後期課程修了，博士号取得。

日本学術振興会特別研究員（DC2），大阪大学大学院人間科学研究科助教，龍谷大学社会学部専任講師などを経て，2020 年 4 月より現職。

受賞歴

2011 年，大阪大学大学院人間科学研究科賞。

2015 年，第 3 回福祉社会学会賞（奨励賞）。

2017 年，第 15 回日本 NPO 学会賞（林雄二郎賞）。

主要論文

「育児期の孤独感を軽減するサポート・ネットワークとは」『家族社会学研究』32 (1)：7-19，2020 年。

「社会的孤立に対する子ども期の不利の影響――『不利の累積仮説』の検証」『福祉社会学研究』16：179-199，2019 年。

「一般交換としての震災ボランティア――『被災地のリレー』現象に関する実証分析」『理論と方法』30 (1)：69-83，2015 年。

「『市民活動参加者の脱階層化』命題の検証――1995 年と 2010 年の全国調査データによる時点間比較分析」『社会学評論』65 (1)：32-46，2014 年。

「日本人の宗教性とボランティア行動――非教団所属者における拡散的宗教性の影響」『ソシオロジ』58 (3)：3-18，2014 年。

序　章

ボランティアを生みだす○○？

1 誰がなぜ，ボランティアになるのか
　　——「利他」の条件の探究

　「誰がなぜ，ボランティアになるのか」——本書は計量社会学の立場から，この問いに答えることを目指すものである。

　これを手に取っているあなたも，見かけたことはないだろうか。募金を呼びかける街頭の人びと，ひとり暮らしの高齢者を見守るNPOスタッフ，貧困家庭の子どもに勉強を教える大学生，商店街活性化のためにまちづくりをおこなう住民たち——。このようにボランタリーに他者に配慮し，協力し，社会に働きかけようとする人びとの営みは，今この瞬間にも，私たちが生きる社会の随所でささやかに存在している。本書が注目するのは，こうした人びとのボランタリスティックな営みの領域である。

　21世紀は，「ボランティアの時代」や「非営利の時代」になる，あるいはならざるをえないといわれている（Korten 1990＝1995; 佐藤 1999; 田中 1998）。この背景には，既存の社会システムだけでは，社会で起きているあらゆる課題に対応しきれなくなっているという時代への危機感がある。とりわけ日本では少子高齢化が進行しており，今後，他者への依存を必要とする人が増えていくと予想される。未婚・離婚が増え，単身世帯が最も多くなり，個人がますます孤立しやすい状況になるとも指摘されている。また，東日本大震災で露呈したように，日本はいつでもどこにでも大規模な災害が発生するリスクを抱えている。このようななか，平常時からの市民同士の関わり合いがよりいっそう求められているのである。

　そのような文脈から，公助・自助を第一としつつも，国家や企業，家族に頼り切ることが難しい社会情勢のもとで，サードセクター[1]における市民団体（NPOや地縁団体など）の果たす役割は無視できないものとなっている。そしてこうした「共助」の領域では，他者や組織のために自らの時間や労力を提供する，多くのボランティアが必要とされる。

　とはいえ，誰もがボランティアになれるわけではない。じっさいには，全体

のなかでごく限られた人びとが実践しているのが現状である。ボランティア活動を今以上に普及させることはともかく、全員がボランティアになれる"国民皆ボランティア社会"を目指すのは現実的ではないだろう。

しかし、今すでにボランティア活動をおこなっている人びとの特徴から、「誰がなぜ、ボランティアになるのか」を捉え、その行為が発現する仕組みを明らかにすることは重要である。なぜなら、「ボランティアになる」という行為が発現する仕組み＝ボランティア行動の生起メカニズムは、人びとが恒常的に助け合うことを達成するために不可欠の原理だからである。

助け合うためには、まずは誰かが誰かを助けないといけない。よって、共助の実現には「利他」（他者の幸福を願い、他者に利益を与えること）が不可欠の要素となる。「ボランティアになる」行為は、他者や組織のために自らの時間や労力をささげる行為である。たとえ自分自身にとって利益があったとしても、結果的に他者に利益をもたらすという点で、「利他」的な行為である。こうした行為が現実には誰でもできるものでないからこそ、今それを実践している人びとの背景から「利他」の条件を探ることは、社会学にとって、あるいは今後の社会構想にとって意義があると考える。

そこで本書では、日本社会における「利他」の条件を探究する1つの試みとして、「誰がなぜ、ボランティアになるのか」という問いを究明する。

2　ボランティアを生みだす「社会」への視点

本書が捉えようとするのは、行為主体としてのボランティアであり、その行為単位としてのボランティア行動である。一見すると、個人の行為に注目する研究のようだが、その背後にある「社会」にこそ注目するのが、本書の立場である。

そもそも社会学では、社会的行為がいかなる社会の仕組みによって引き起こされているのかを説明することが、中心的な課題であった。M. ウェーバーの社会的行為論に始まり、T. パーソンズの主意主義的行為論、P. ブルデューの

ハビトゥス概念など，ミクロな人びとの行為がいかに社会的に形成され，そしていかに社会を再生産していくかというメカニズムが，多くの社会学者によって考究されてきた。

　ボランティア行動もまた，社会によって生みだされ，社会を再生産していくものとして捉えられる。ボランティアの背後にある「社会」をみることの重要性については，かつて阪神・淡路大震災が起こる以前から，〈ボランタリー・アクションの社会学〉を提唱していた佐藤慶幸も指摘している。

> ヴォランタリー・アクションの問題はたんに個人的レヴェルの問題ではなくて，まさしく社会学的レヴェルの問題である。というのはヴォランタリー・アクションへの動機づけを可能にする，あるいは規定する歴史的，文化的，構造的諸要素が問題になりうるからである。(佐藤 1994: 88，原文ママ)

　このように，ボランタリー・アクションを時に形成し，時に制約する「歴史的，文化的，構造的諸要素」に目を向けることが社会学に期待されていた。言い換えるならば，ボランティアの背後にある社会経済的・文化的構造に目を向けることが，社会学的な課題として掲げられていたのである。

　ところが，佐藤自身の研究もその後，ボランタリー・アクションの集合的な発現形態としてのボランタリー・アソシエーション研究（NPO 研究）に傾倒していくことからもうかがえるように，「ボランティア元年」[2]以降の国内の多くの社会学者の関心は，組織論としての NPO 研究や，現場におけるボランティアのダイナミクスを捉える臨床的研究に向けられていった[3]。1990 年代後半以降，社会学においてボランティア研究は明らかに増加している（藤井 2002）。しかし，よりマクロな視点から，ボランティア行動の生起メカニズムに迫る研究は，それほど活発にはおこなわれてこなかった。

3 ボランティアへの"計量的"アプローチ

　本書では，個人のボランティア行動に影響を及ぼしている社会経済的・文化的構造に注目する。このなかに，ボランティアを生みだす「○○」が潜んでいると考えられる。つまり本書では，ボランティアを生みだす「○○」の正体を，ボランティア行動に影響する社会経済的・文化的構造のなかから探りあて，その姿を徐々に彫琢していこうと考えている。

　ただし，さまざまな要素が複雑に絡み合った構造のなかに潜んでいる○○の内実を解き明かすためには，適切な手法が必要である。そこで本書では，社会学の手法の1つである質問紙調査（量的調査，いわゆる「アンケート」）による計量的アプローチによって，ボランティアを生みだす○○をあぶりだすことを試みる。

　計量的アプローチの利点は，個人の行為としてのボランティア行動（ミクロ）と，社会経済的・文化的構造（マクロ）の連関を把握できるという点にある。たとえば，質問紙調査によって得られたデータ分析の結果，郡部に住んでいる人ほど「ボランティア活動をしている」と回答する統計的傾向があったとしよう。これは，「『郡部』という社会がボランティアになりやすくしている」ことを意味し，「郡部居住」という属性はボランティア行動を規定する構造的条件を表している。つまり，統計的に"有意"なボランティア行動の規定要因は，ボランティア行動を生みだす社会経済的・文化的構造の"写し鏡"なのである。

　欧米の社会学では，計量的なボランティア研究が発展している。とくに"ボランティア研究大国"と呼べるアメリカでは，1940年代からボランティア行動に関する実証的な研究が膨大に蓄積されている（Smith 1994; Warner and Lunt 1941）。アメリカ社会の成立・存続に不可欠な社会的アクターとしてボランティアが位置づけられ，ボランティア行動がどのような社会経済的・文化的構造のもとに生じているかを追究することが，重要な社会学的課題の1つとされてきた。さらに，同国において計量的手法が広く普及している状況も相まって，

"計量的ボランティア研究"と呼べる領域が確固たる地位を築いている。

一方,日本の社会学では,計量的なボランティア研究は1980年代にようやく登場することになる(平岡1986;稲月1994;鈴木1987, 2001;高野1994, 1996)。全国調査に基づく,一般化可能な水準の計量的研究は1990年代以降に増えていくが,とはいえその数は数えられる程度である(岩間2011;中井・赤池2000;仁平2008; Taniguchi 2010;寺沢2012a;豊島1998)。まして,そこでは人びとをボランティアにする「○○」へのアプローチはなされてこなかった。欧米と比べて日本では,ボランティア行動の規定要因を捉える計量的研究の歴史は浅く,十分な知見が蓄積されているとは言いがたいのである。

このような研究状況のもとで最も大きな問題となるのは,「日本人のボランティア行動が発現する仕組みは,欧米で提出された理論でも説明されるのか未だ明らかでない」という点である。先にも述べたように,少子高齢化,個人化が進み,いつでもどこでも大規模な災害が起こる可能性を抱えている日本では今,「いかに人びとがボランタリーに共助できるか」という点が問われている。しかしこの問いに対して,欧米で見出された理論をそのまま援用して答えることには留保が求められる。なぜなら,欧米と日本では社会経済的・文化的構造が大きく異なるため,理論を適用できる可能性を経験的検証によって慎重に判断しなければならないからである。よって,欧米で浸透している理論が日本人のボランティア行動をどれくらい説明できるのかを精緻に検討する,計量的ボランティア研究が求められているのである。

したがって本書は,ボランティア行動の形成・制約に関わる社会経済的・文化的構造を計量的に検討することによって,現代日本におけるボランティア行動の生起メカニズムを明らかにすることを目的とする。

4 本書におけるボランティア行動の定義

本書におけるボランティア行動とは,「他者や集団,組織のために,自ら進んで時間や労力を与えること」(Wilson 2000: 215)を意味する。欧米の先行研究

では，volunteering や volunteerism，volunteering behavior などの語が用いられる。これらは同義のものとして使われているため，本書ではこれらを一括りに「ボランティア行動」と訳すことにする。

　「ボランティア行動」が指す概念範囲をはっきりさせておこう。まずこの概念は，フォーマルな行為，ならびに家族以外の他者に対するインフォーマルな行為の両方を含んでいる。それは，「フォーマルな文脈かインフォーマルな文脈かにかかわらず，公共の利益のためか自集団の利益のためかにかかわらず，家族以外の他者や集団に利益を与える行為，または博愛的・利他主義的な目的を目指す行為」(Smith et al. 2006: 245) という，先行研究における詳細な定義からみてとることができる。

　なお本書では，「ボランティア行動」と「ボランティア活動」を区別して用いる。それは，日本でいう「ボランティア活動」は，主にフォーマルな領域での行為を意味するためである。よって，ボランティア行動の一部分であるフォーマルな行為を「ボランティア活動（参加）」と表現する。一方，ボランティア行動の一部分であるインフォーマルな行為（比較的繰り返しおこなわれている，家族以外の他者へのボランタリーな時間・労力の提供）については，ボランティア活動と区別して「援助行為」と表現することにする。

　また，本書における「ボランティア行動」は，心理学における「向社会的行動 (prosocial behavior)」とも区別される。向社会的行動とボランティア行動は，他者や集団に利益を与えるという点では似た概念であるが同じではない。ボランティア行動が向社会的行動と区別される特徴は，「計画的行為である」「比較的長く継続される」「主に組織的な活動の一環としておこなわれる」といった点である (Penner 2004)。よって本書では，電車やバスで席を譲る，人が道で落とした物を拾ってあげる，といった偶発的・一時的・個人的な援助は，ボランティア行動のなかに含まれないこととする。

5 本書の構成と要約

 本書は，序章につづく第1章〜第8章で構成される。各章の要約をここで示すので，本書の概要を知りたい読者は，このままこの節を読んでいただきたい。そしてもし，議論や分析の詳細をより深く知りたいと思ったならば，各章に進んでじっくりと読んでいただきたい。
 まず第1章では，研究背景として，そもそも国内外でボランティアが注目されている理由を主要な現代社会論（市民社会論，福祉社会論，個人化論）のなかでの「ボランティア」の論じられ方から捉え，ボランティアを研究することの現代的な意義をまとめる。そして，広く人文・社会科学領域でのボランティア研究の潮流を，①説明的研究，②物語的研究，③啓蒙的研究の3つに整理する。そのうえで，日本におけるボランティア研究の課題を指摘し，その課題に対する本書のアプローチとその貢献を明示する。
 つづく第2章では，ボランティア行動の生起メカニズムを検討する際に有効な視座となる，4つの社会的行為理論の説明理論（資源理論，共感理論，宗教理論，社会化理論）を紹介する。これら理論間の関係性を検討したうえで，独自の「統合理論」を新たに提案し，本書の分析枠組みとして設定する。なお，**図序-1** はその分析枠組みと章立てを合わせてシンプルに図示したものである。
 第3章から第7章では，全国調査データを用いた計量分析の結果を示す。
 第3章では，社会経済的資源が，フォーマルなボランティア行動であるボランティア活動参加に与える影響を検討する。分析の結果，1990年代には，収入や学歴や職業的地位が高い人ほど参加する傾向があったのに対し，2010年代には，学歴をのぞけば社会経済的資源の影響力はほとんどみられないことを示す。ここから，近年ほど，必ずしも高階層（社会経済的資源の豊富な人）ほどボランティアになるわけでないということが確認される。
 第4章では，社会経済的資源が，インフォーマルな領域でおこなわれる（「ボランティア」とは呼ばれない）援助行為に与える影響を検討する。分析の結

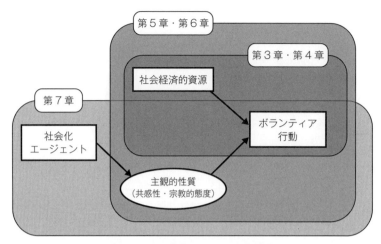

図序-1 分析枠組みと章立ての概念図

果，援助行為の担い手は低学歴層や低収入層といった社会経済的資源の少ない人たちであることを示す。ここから，高階層ではなく低階層の人びとの間で，より身近な人との互酬的な助け合いがなされていることが示される。

第5章では，社会経済的資源と主観的性質（共感性・宗教的態度）が，フォーマル・インフォーマルなボランティア行動（ボランティア活動参加・援助行為）に与える影響を検討する。分析の結果，ボランティア活動参加と援助行為の両方とも，社会経済的資源よりも共感性や宗教的態度によって規定されていることを示す。ここから，日本人のボランティア行動は，人の「心」のあり方次第で発現しているものであることが示唆される。

第6章では，第5章でみた宗教性の内実をより詳細に調べるために，宗教性の諸次元（実践，信念，経験，結果）がボランティア行動に与える影響を検討する。分析の結果，教団に所属し，よく参拝する人ほどボランティア活動に参加しやすいこと，加えて，教団には所属していないが家で祈り，加護観念（おかげ様の気持ち）をもっている人ほどボランティア活動に参加しやすいことを示す。ここから，欧米と同様に日本においても，宗教団体は組織的にボランティアを生みだすこと，そして日本特有の文化慣習的な宗教性を身につけているこ

ともボランティア行動を誘発する経路があることを確認する。

第7章では，ここまでにボランティア行動に影響することが認められた主観的性質が，過去に出会った社会化エージェント（社会化の作用をもたらす人間・機関）によって形成された可能性を検討する。分析の結果，子どもの頃に他者を援助する近所の人と接触していた人は，現在において共感性が高い傾向にあり，そのためボランティア活動に参加しやすいことを示す。また，子どもの頃に母親が頻繁に参拝していた人は，現在において自分も参拝し，加護観念が強い傾向にあり，そのためボランティア活動に参加しやすいことも示す。ここから，日本人のボランティア行動は単にその時，その場での「心」のあり方次第で発現しているというわけではなく，個人が生まれ育った社会環境（文化）のなかで必要な心性を学習し，その結果としてボランティア行動が発現していることが明らかになる。

最終章となる第8章では，第3章から第7章までの分析結果に基づいて，本書の含意について総合論議をおこなう。本書の結論として，「現代日本に生きる人びとは，幼少期に接するロールモデルや青年期に受ける高等教育を通じて，共感性や宗教的態度などを身につける社会化のプロセスを経ることで，ボランティアになりやすくなる」という命題を導出する。そして，今後の共助社会の担い手は，幼少期に接するロールモデルや高等教育による社会化を通じて育まれるという可能性を主張し，本書を締めくくる。

注
1 サードセクターとは，政府機関でもなく，民間ではあっても営利を追求する企業ではない諸組織から構成される領域をいう。「非営利セクター」（米），「ボランタリーセクター」（英），あるいは「市民セクター」などと呼ばれる。「第3セクター」と訳される場合もあるが，日本の第3セクターは政府機関と民間企業が共同出資した企業，とりわけ株式会社を指す。そのため両者を区別するために，「サードセクター」が用いられる。サードセクター概念については，川口（2005）を参照。
2 1995年1月17日の阪神・淡路大震災の発生後，災害ボランティアとして救援・支援活動に参加したのは1年間で延べ138万人と推計されている（兵庫県知事公室消防防災課1996）。それまでボランティア活動に関わったことのない一般の人

びとが参加する大きな契機になったとして，1995年は「ボランティア元年」と呼ばれる。また，その社会的インパクトの大きさは研究者の想像をはるかに超えるものであったとして「ボランティア革命」（本間・出口編1996）と表現されている。
3 被災地におけるボランティア活動の展開や課題を捉える研究（西山2007; 佐藤2010; 早稲田大学社会科学研究所都市研究部会編1996; 山下・菅2002）や，ボランティアをめぐる臨床的研究（安積ほか1995; 津止ほか2009），さらにNPOの社会的機能や課題を捉える研究（安立2008; 朝倉2002; 宮垣2003）などがある。
4 このように日本で計量的なボランティア研究が進められていない原因の1つとして，日本社会学の中核的領域といえる階層研究において，市民参加を扱う研究は「新参者」であり，「周辺」的存在であった（豊島2012: 56）という点が挙げられる。「SSM調査で初めて中間集団の質問項目が含まれたのが1995年調査だったことからうかがえるように，日本の階層研究では社会参加の問題にあまり関心が払われてこなかった」（岩間2011: 328），「地域，家族，社会参加・社会関係，エスニシティなどは，日本の階層意識を考える場合には，少し周辺的な位置におかれてきた」（吉川2011: 63）という，階層研究者自身の言葉に端的に示されるとおりである。

第1章

ボランティア研究の背景と展開

1 ボランティアがもつ現代的な意義

　ボランティアは，社会学に限らず，心理学，経済学，政治学，哲学などさまざまな学問分野での研究対象となっている。このようにボランティアが大きな学術的関心を集めるのは，ひとえにこの社会現象がもつ多層的な現代的意義にある。
　まずは，広く人文・社会科学領域で取り上げられる主要な現代社会論において，ボランティアがどのように論じられているかを把握する。このことを通じて，ボランティアがもつ現代社会における意義とは何かを捉えておきたい。

1.1 新しい市民社会論の隆盛――民主主義の体現者として

　第1に，ボランティアは市民社会を築く「民主主義の体現者」としての意義がある。
　近年，人文・社会科学領域では市民社会論が隆盛を極め，世界的な規模で"市民社会論ルネサンス"といえる状況が生まれている（山口 2004）。かつてのマルクス市民社会論は，ブルジョアジーとほぼ同義の「市民」観に基づいていた。近年の市民社会論はより大衆性を帯びた「市民」観に基づいており，こちらは「新しい市民社会論」と呼ばれている。
　この「新しい市民社会論」の代表的論者が，ドイツの哲学者J.ハーバーマスである。彼は『コミュニケイション的行為の理論』（Habermas 1981＝1985-1987）において，アソシエーションによって構成される「生活世界」が，国家と市場から成る「システム」の植民地化（合理性の浸透）に晒され続けることで，アソシエーションが破壊され，さらに新たにつくることも困難になっている状況に警鐘を鳴らした。これを「生活世界の危機」という。ハーバーマスは，高度資本主義に基づく先進諸国において，生活世界を侵食するシステムを統御できる，個人相互の主体的ネットワークとしての市民社会をいかに再建できる

かという課題を現代社会に突きつけたのである．

そこで市民社会の再建の鍵として提示されたのが，市民同士の自発的なコミュニケーション的行為であった．ハーバーマスは，後の『公共性の構造転換』（Habermas 1990＝1994）の1990年新版に向けた序文のなかで，東欧革命などの新たな市民活動の登場を例に，「市民社会の核心を構成するものは，自由な意思に基づく非国家的・非経済的な結合関係」（Habermas 1990＝1994: xxxviii）であると主張している．そして，教会，文化的サークル，スポーツ団体といったアソシエーション（結社）を通じた市民の自発的なコミュニケーション的実践によって意思形成がおこなわれ，公共的な討論が可能になると論じている．

このようにハーバーマスは，アソシエーションを媒介とした市民相互の了解を志向するコミュニケーション的行為のなかに，新たな公共性を創造する可能性を見出していた．彼が指摘した，アソシエーションを通じた自発的なコミュニケーション的実践とは，まさに「ボランティア」と重なりうる市民同士の相互行為であるように思われる．

「新しい市民社会論」の流れをひく議論に，社会関係資本（ソーシャル・キャピタル）論もある．ハーバーマス同様に市民社会の危機を訴え，世界的な反響を巻き起こしたのが，アメリカの政治学者R.D.パットナムである．彼は，過去数十年間におけるアメリカ市民社会の著しい崩壊を，アメリカ人が1人で「孤独なボウリング」を楽しむという社会現象に象徴させ，社会関係資本の衰退を論じた（Putnam 2000＝2006）．

社会関係資本（social capital）とは，「調整された諸活動を活発にすることによって社会の効率性を改善できる，信頼，規範，ネットワークといった社会組織の特徴」（Putnam 1993＝2001: 206-07）である．投票や友人との付き合い，ボランティア活動や他者への信頼といった社会関係資本の豊富な州では，人びとの交流・討議が促される結果，政治的パフォーマンスが良く，犯罪や脱税が少なく，地域住民の健康状態が良いなど，社会の効率性が高まるという．ところがこの社会関係資本が，1960年代以降のテレビの台頭，女性の社会進出，人びとの地理的流動性の増加などによって衰退していることを，パットナムは豊富な経験的データを用いて主張した．ボランティア活動も，市民社会にとって不可欠な社会関係資本の一例とされ，その衰退現象が問題提起されたのである．

このようにハーバーマスの議論でもパットナムの議論でも，経済的・技術的革新や個人生活の多様化などにより市民社会が脅かされているという問題意識のなかで，ボランティアは公共性の担い手の1つとして重視されている。

同じように公共性とボランティアを結びつける議論はヨーロッパやアメリカだけでなく，近年の日本でも登場している（本間・出口編 1996; 似田貝編 2008; 岡本 2001; 関 2008; 田中 1998; 山下・菅 2002）。とくに日本では，阪神・淡路大震災以降の災害ボランティア活動の勃興の後，ボランティアに言及する市民社会論が盛んになった。

たとえば岡本仁宏は，市民社会論の視座から，ボランティアが公共性を創りだす主体になりうると主張している。岡本が強調するのは，ボランティアは人びとと最も近い場所，つまり私的領域から公共性を生みだしうるという点である。それは，「ボランティアは，社会において権利を生み出す最前線の活動である」（岡本 2001: 108）という言葉にも表れている。

岡本は例として，仮設住宅で生活する被災者を支援するボランティアを取り上げている。震災後，長期間を経ると，仮設住宅に居住し続ける権利は行政から認められにくい。ところが被災者とボランティアの相互交流を通じて共感が育まれると，仮設住宅に居住し続ける権利を確立すべきという認識がボランティアにも共有される。ボランティアが被災者の代わりに権利を要求する発言者となり，行政に訴え続けた結果，権利は認められることもある。さらにこの過程で，社会は政府や市場だけでなく多様な主体によって成り立っているという自覚や，他者と共に生きているという自覚といった「社会的共同性の自覚化」（岡本 2001: 110）がもたらされるという。このように，ボランティアは私的な営みから公的なものを創出し，民主主義の実現に寄与する存在であることが指摘されている。

1.2 福祉国家論から福祉社会論へ——参加する福祉の体現者として

第2に，ボランティアは福祉社会を築く「参加する福祉の体現者」としての意義がある。

かつて高度資本主義に基づく先進諸国において，「福祉国家（welfare state）」

は理想的な国家像であった。福祉国家は「市場の失敗」の克服として誕生し，多くの先進諸国が，社会保障制度により国民の生活の安定をはかる国家のあり方を目指した。産業化と社会保障の進展によって，世界各国は類似した福祉国家へ移行するという H. L. ウィレンスキーの「福祉国家収斂論」（Wilensky 1975＝1984）は，こうした大きな政府に準拠した伝統的な福祉国家論を代表するものであった。

しかし 1970 年代に入り，世界経済が低成長に傾き出すと，「福祉国家の危機」が叫ばれるようになる。この時期，失業や環境破壊，少子高齢化による福祉ニーズの増大といった社会的な課題が拡大した。それに伴い，財政の拡大やテクノクラート（官僚制）の硬直化といった問題も表面化するようになった。福祉国家の危機を最初に経験したのはイギリスであるが，同時期に多くの国々も体制的な危機を迎え，福祉の見直しを迫られるようになった。J. H. ゴールドソープはこの潮流を，「収斂の終焉」と説いている（Goldthorpe ed. 1984＝1987）。

このような状況下で，「福祉社会（welfare society）」という理念が登場する[5]。W. A. ロブソンはその著書『福祉国家と福祉社会』のなかで，「福祉国家は議会が定め，政府が実行するものであり，福祉社会は公衆の福祉にかかわる問題について人びとが行い，感じ，そして考えるものである」（Robson 1976: i）と述べている。すなわち，国家による福祉施策だけでなく，市民参加による福祉社会が機能する必要があるとされる。そして「貧者に対して物質的な保障を行う福祉国家から，すべての市民の生活の質（QOL）と生活の喜びを追及するような社会」，つまり福祉国家から福祉社会への展開が指摘されている（岡本 2002）。

「福祉社会」は，それまで社会福祉供給の主体であった政府セクターを後景化させ，インフォーマルセクター，市場セクター，サードセクターといった民間部分の役割に目を向ける概念ともいえる。このように多元的なサービス供給主体の存在を前提とし，福祉供給の多元的発展を主張したのが，「福祉多元主義（welfare pluralism）」（Johnson 1987）と呼ばれる考え方である。政府以外の混合福祉のアクターは，主に家族，企業，NPO の三者であり，どの供給主体に力点を置くかによって福祉社会は類型化される。家族や企業内福祉の役割を強調する「伝統型福祉社会論」，企業の役割に力点を置く「市場型福祉社会論」，

NPO に期待を寄せる「ボランタリズム型福祉社会論」などがある（武川 1999a: 17）。過去には 1980 年代に流行した日本型福祉社会論のように，家族や企業の役割が強調されることもあったが，最近は NPO などサードセクターの役割が注目される傾向にある（武川 2010）。

たとえば，スウェーデンの政治学者 V. A. ペストフは，対人社会サービスが社会的企業（協同組合とボランタリー組織）によって担われる社会システムを「参加型福祉社会」と呼び，新世紀における新たな社会モデルとして提唱している(Pestoff 1998＝2000)。彼は保育サービスの質について実態調査をおこない，社会的企業が経営する幼稚園の方が，自治体の保育所よりも利用者（親）の満足度は高く，評価が高いことを指摘している。日本でも同様に，斉藤弥生がペストフの枠組みを用いて，日本の介護サービス分野における社会的企業の実態調査をおこなっている（斉藤 2003）。この研究でも，社会的企業がおこなう介護サービスの利用者とその家族の満足度が高いこと，職員の離職率や欠勤率が低いこと，地域への波及効果があることなどが示されている。つまり，社会サービスの提供プロセスへの市民参加が，良質なサービスの提供に結びつくことが示唆されているのである。

この点は，他の福祉研究者からも指摘されている。たとえば安立清史は，ボランティアの社会的機能として，福祉サービスを提供する機関の閉鎖性・硬直性を防ぎ，サービスが利用者本位であるかをチェックする機能を指摘している（安立 1998）。大熊一夫も，市民参加型のサービス提供の利点として，第 1 に新たな政策を提言し，サービス全体の質の向上に貢献するという点を，第 2 に地域に存在する悪いサービスを駆逐するという点を挙げている（大熊ほか 2001）。

少子高齢化が進行し，福祉ニーズが肥大化・多元化する現代社会において，社会サービス提供におけるボランティアは，単に安上がりなマンパワーとして期待されているわけではない。ボランティアは，サービスの質の向上，ひいては利用者の生活の質の向上という点から，その役割が重視されているのである。

1.3　個人化論の浸透──連帯の体現者として

第 3 に，ボランティアは個人化社会における「連帯の体現者」としての意義

がある。

　ドイツの社会学者U.ベックは，20世紀の後半，とりわけ1970年代以降のポスト産業化の時期（「後期近代」や「再帰的近代」と呼ばれる）に顕在化してきた，社会と個人の新しい関係を「個人化」と表現する。「個人化」とは，伝統的に人びとを結びつけてきた家族や階級といった中間集団から個人が解き放たれ，人生の成りゆきが自己選択にゆだねられている事態をいう（Beck 1986＝1998）。かつては，家族や階級といった中間集団が，貧困や失業といったリスクに対し緩衝材として機能していた。しかし高度に近代化が進み，労働市場と社会保障制度が整備されるようになると，中間集団の役割は低下し，リスクは直接個人に降りかかるようになる。そのなかで人びとは，常に自己選択を迫られながら，自らの人生を形成することを強制されるようになったという。

　同様の議論を，イギリスの社会学者Z.バウマンもおこなっている。バウマンは，帰属する集団のなかで決められていた政治的・倫理的・文化的な「範型」や「形式」といった堅固なものが溶解している状況を「流動化した近代」と呼ぶ（Bauman 2000＝2001）。人は自由を手に入れる代わりに，範型と形式をつくる任務も個人に課せられ，つくるのに失敗した場合も自己責任とされてしまう。徹底した個人主義のなかで，人は自らが何者なのかというアイデンティティから，自分が生きる真の目的に至るまで，すべての形を1人でつくることが求められるのである。また経済・社会情勢の不安定さのなかでは，他者との連帯や協力のために個人的利益を犠牲にすることは，賢明な選択とならない。不安定で予測しがたい未来の前に，親密なパートナーシップを永続させることも困難になってしまうという。

　個人化の進展については，昨今の日本社会でも頻繁に言及されている。たとえば山田昌弘は，仕事や政治，地域社会での個人化の進展に加えて，家族の領域に個人化の波が押し寄せている点に，現代日本社会の特徴を見出している。家族はかつて個人化できない関係の象徴であったが，現在では家族関係自体を選択したり，解消したりする可能性が増大するプロセス，すなわち「家族の本質的個人化」が進行しているという[8]（山田2004）。このように，日本を含む先進諸国において，人びとの生きる基盤が不安定化し，個人の選択の比重が増しつつある状況が，グローバルな潮流として語られている。

ここで特筆されるのが，先に登場したベックが，個人の選択の自由を土台にして個人化したと考察されるアメリカ社会が，ボランティア社会でもあることに注目している点である（Beck and Beck-Gernsheim 2002）。個人化した社会では，一定の法則性のもとで連続的に社会が再生産されるのではなく，複雑な不確実性をもって社会は進行していく。そうした社会のなかで人びとは，自分の人生を生きるために，社会に対する高度な感受性を備えることが求められ，その結果として，利他的な個人主義も出現することがあるという（Beck and Beck-Gernsheim 2002: xxii）。逆説的であるが，個人主義が浸透するなかに，利他主義が発生する契機があるということだ。
　これに似た議論を，他のアメリカ人研究者もおこなっている。たとえばR. N. ベラーは，功利主義的な個人主義ではなく，自律的に他者と連帯する個人主義（聖書的・共和主義的精神としての個人主義）が，ボランタリー・アソシエーションの基盤としてアメリカの公共的生活を支えていたと論じている（Bellah et al. 1985＝1991）。R. ウスノーもまた，個人的感覚や自分自身の理解を深めようとする志向性は，コミュニティにおける自己役割を強化し，コミュニティに対しポジティブな貢献を果たすと指摘している（Wuthnow 1998）。
　日本でも今田高俊が，「現在のように，個人主義化が大衆的規模で進んだ社会における公共性は，あくまで『私』（private）を前提にして，私的性格を超える『公』（public）の可能性を見出さなければならない」（今田2001: 41）と述べている。ここで今田は，ボランティア活動を「私的な自己実現をすることが，直接他者に対する気遣いや配慮，相互性へとつながる行為」（今田2001: 54）として注目している。個人化が進展した社会であっても，ボランティアという形をとって自己実現と他者との相互性が結びつく可能性が指摘されているのである。
　このように個人化の趨勢下で，私的でありながら他者とつながりうる点に，ボランティア活動の意義が読み取られている。いわば，個人化時代に適合的な連帯の形態として，ボランティアが価値づけられている。

　以上，簡単にまとめた議論ではあるが，市民社会論，福祉社会論，個人化論のいずれの文脈においても，ボランティアの意義が汲みとられてきたといえよ

う。それは公共性を拓く「民主主義の体現者」であり,人びとの生活の質を高める「参加する福祉の体現者」であり,個人化社会で他者とつながる「連帯の体現者」として注目されてきた。このようにボランティアが重層的な現代的意義をもつゆえに,さまざまな学問領域の研究者たちによってボランティア研究がおこなわれてきたと考えられる。

2 これまでのボランティア研究

　それでは,具体的にどのようなボランティア研究がなされてきたかについて概観しよう。本書がどのような研究潮流に位置づけられ,どのような意義をもちうるのかを確認するために,先行研究の"マッピング"をおこなっていきたい。
　先行研究をマッピングするにあたり,本書ではL.ハスティンクスらが用いている volunteering を理解するためのハイブリッドな概念枠組み (a hybrid conceptual framework) を援用する (Hustinx et al. 2010)[9]。彼らの枠組みの前提には,「ボランティア」は多様な学問分野からアプローチされる,本質的に複雑な現象であるという考え方がある。そして,P. J. ディマジオによる,「良い理論は多次元的であり,最良の理論は異なるアプローチを結合したハイブリッド型である」という主張に基づき,ディマジオが提示した3つの理論的アプローチ (DiMaggio 1995) を組み込んだハイブリッドな(混合)概念枠組みが用いられている。
　3つの理論的アプローチとは,それぞれ次のようなものである。1つ目は,現象の説明に焦点化した説明理論 (theory as explanation) によるアプローチである。2つ目は,人びとと環境との通時的な相互作用プロセスに注目する物語理論 (theory as narrative) によるアプローチである。3つ目は,新たな"思考レンズ"を通じて現象を捉え,支配的な前提を疑うことで,啓蒙することを目的とする啓蒙理論 (theory as enlightenment) によるアプローチである (Hustinx et al. 2010: 3)。こうした異なる3つの角度からボランティアに迫ることで,複

表1-1 ボランティア研究の3類型

	①説明的研究	②物語的研究	③啓蒙的研究
課題	ボランティア行動の規定要因の検討	ボランティア活動が展開されるプロセスの検討	ボランティア活動に対する新たな理解枠組みの提示
問い	誰が／なぜ，ボランティアになるのか	どのようにしてボランティア活動は展開されていくのか	ボランティア活動は本当に善い活動なのか

雑な現象としてのボランティアの実態をより良く理解することができると考えられている。

これは有用な視座であるので，本書ではこの3基準に従って，これまでの先行研究を①説明的研究，②物語的研究，③啓蒙的研究と括ってみることにする。3つそれぞれの特徴をまとめたものが表1-1である。この3類型に則り，まずは諸外国の，次いで日本国内のボランティア研究をマッピングしていくことにしたい。

2.1　諸外国におけるボランティア研究

①説明的研究　　説明的研究では，ボランティア行動の規定要因の探究が課題とされる。この研究の中核的な問いは，「誰がボランティアになるのか」あるいは「なぜ人はボランティアになるのか」といったものである。ボランティア行動の包摂法則（covering-laws, DiMaggio 1995: 391），すなわち，本書でいう「ボランティア行動の生起メカニズム」の説明を目指す立場である。この研究では，主に計量的手法が用いられる（Hustinx et al. 2010: 2）。

「誰がボランティアになるのか」という"Who"，すなわちボランティア行動の規定要因を捉える計量的研究の牽引役を果たしてきたのが，アメリカの社会学者 J. ウィルソンと M. A. ミュージックである。彼らは，ボランティア行動の規定要因に関する膨大な研究をレビューした大著 *Volunteers: A Social Profile*（Musick and Wilson 2007）や，*Annual Review Sociology* など主要雑誌におけるレビュー論文（Wilson 2000, 2012），さらに共著論文（Musick and Wilson 2003, Wilson and Musick 1997a, 1997b, 1999）などによって，多くの成果を発表してきた。

後述するが，彼らの研究の主要な貢献は，人びとの有する社会経済的資源とボランティア行動の関連性を，大規模な社会調査データによって実証したことである。この知見は，「資源モデル（resources model）」として知られている。

社会学者が社会経済的資源に注目するのに対して，心理学者はボランティアの主観的性質（subjective dispositions）に着目してきた。主観的性質とは，動機や性格特性，態度，規範，価値観などをカバーする包括的用語である（Wilson 2012: 179）。主観的性質に関しては，「ボランティアの動機（Motivation to Volunteer; MTV）」研究がよく知られている。ここでは，「なぜボランティアになるのか」という "Why" の検討がなされている。主要なものに，MTV は利他主義と自己への関心の両方によって構成されることを示した研究（Cnaan and Goldberg-Gren 1991; Haski-Leventhal and Cnaan 2009）や，複数の動機の次元を測定できる指標（Volunteer Functions Inventory; VFI）を開発した研究（Clary et al. 1998; Clary and Snyder 1999）がある。最近では，ロールアイデンティティ理論と統合された MTV 研究も展開されている（Finkelstein 2008, 2010）。また性格特性に関しては，共感性（empathy）とボランティア行動の関連性を検討する研究（Einolf 2006, 2008; Penner 2002; Smith 2006; Stürmer et al. 2006）などがある。

② **物語的研究** 　物語的研究では，ボランティア活動が展開されるプロセスの検討が課題とされる。この研究の中核的な問いは，「どのようにしてボランティア活動は展開されていくのか」といったものである。先ほどの①説明的研究に対しては，「ボランティア活動の複雑なリアリティが1つの単次元的な指標によって減じられてしまう」といった批判や，「ボランティア活動の性質は，組織の社会化段階によって変化することが考慮されていない」といった批判があった。こうした批判に対して登場したのが物語的研究である（Hustinx et al. 2010: 14）。さらにこの研究群は，次の2つに大別することができる。

第1に，ボランティア活動の発展プロセスの理論化をおこなう研究がある。たとえば，Pearce (1993) は，ボランティアを「中核的（core）ボランティア」と「周辺的（peripheral）ボランティア」に分類し，各組織の構造的・文化的特徴の違いによって，両者の経験は異なると述べている。また，Omoto and

Snyder (2002) は，ボランティア活動のプロセスを「先行期」「経験期」「帰結期」に分類した「ボランティアのライフサイクルモデル」を提示している。彼らのモデルは，シンプルに段階を区別するものであったが，後に登場したHaski-Leventhal and Bargal (2008) は，より複雑に概念を発展させた「ボランティアステージと変容モデル（Volunteer Stages and Transitions Model; VSTM）」を提出している。

第2に，マクロな社会的文脈との関係から，ボランティア活動の展開を動態的に解釈する研究がある。具体的には，近代化や個人化の進展の帰結として，ボランティア活動それ自体がラディカルな変容のなかにあることを記述する研究などが存在する（Hustinx and Lammertyn 2003; Lorentzen and Hustinx 2007; Wuthnow 1998）。このうち Hustinx and Lammertyn (2003) は，近代化論の視点から，現代の人びとは個人の成育歴，アイデンティティ，ライフスタイルの能動的デザインとしてボランティア活動をおこなうようになっていると考察する。このような営みを「再帰的ボランティア活動（reflexive volunteering）」と表現し，ボランティアの時代変容を説いている。

③ 啓蒙的研究

啓蒙的研究では，ボランティア活動に対する新たな理解枠組みの提示が課題とされる。この研究の中核的な問いは，「（これまでに語られるように）ボランティア活動は本当に善い活動なのか」といったものである。すなわち，ボランティアに対する一般的に普及した肯定的な前提を疑い，批判を提示する立場である（Hustinx et al. 2010: 18）。

批判の際の主要な論点として，以下の4つが挙げられる。

第1に，ボランティア活動参加における社会的不平等に関する論点である。市民社会の理念上，どのような立場の人も活動に参加できる状況が望ましいと考えられる。ところが実際は，人びとの帰属する社会階層によって，活動への参加のしやすさは異なる。つまり，「高階層の主流化／低階層の周辺化」という，社会階層による参加の偏在性がある。実際に，北米と欧州を対象とした国際比較研究の結果，4半世紀を超えて，「ボランティア活動の階級偏在性，ないし人種的・民族的マイノリティ集団の相対的排除の変容を示唆するエビデンスは存在しない」（Musick and Wilson 2007: 533）ことが示されている。

第2に，低階層の人はフォーマルな活動には参加しにくいが，インフォーマルな活動をおこないやすいという論点である。先述のように，一般には高階層の人ほど参加しやすい傾向があるが，低階層の人は公的領域ではなく私的領域において，相互扶助という形で市民的貢献をおこなっている。たとえばアフリカ系アメリカ人は，巨大なNPOに不信を抱きやすいため，家族や隣人，教会メンバーといった身近な人に対する直接的な援助行為をおこないやすいことが知られている（Smith et al. 1999: 150）。

　第3に，ボランティア活動への参加は人びとにポジティブな結果のみをもたらさないという論点である。たとえば，自由意志に基づく活動によって，バーンアウトが引き起こされてしまうというパラドックスを指摘する研究（Kulik 2007）や，人びとはボランティア活動を，政治的責任を果たしているという自分自身への言い訳に利用しているにすぎないと主張する研究（Eliasoph 1998）がある。

　第4に，ボランティア活動は，社会福祉に対する政府の責任を縮小させてしまうという論点である。ボランティアの導入にはネオリベラリズムのような隠されたイデオロギーが作用している場合があり，結果として公的サービスの私化を許してしまうことが問題化される。たとえばRosol（2012）は，ベルリンにおけるコミュニティガーデンの維持をボランティアに外部化する例を示し，公共サービス提供における市民参加は行政責任を市民社会に移行させることを企図する行政的合理性の一部として理解できると指摘している。

2.2　日本におけるボランティア研究

① 説明的研究　ボランティア行動の規定要因に関する研究は，日本でも1980年代以降，福祉社会学や地域社会学の分野でおこなわれている。東京都内3地区の登録ボランティアに関する研究（平岡1986）や，福岡県における福祉ボランティアに関する研究（鈴木1987, 2001）は，社会階層や地域特性などが参加に与える影響を計量的に検討している。また，地域集団への参加やコミュニティ意識の高さと，ボランティア活動への参加の関連を捉える調査研究もある（稲月1994; 高野1994, 1996）。これら初期の研究は，調査が

実施された地域が限定されており，日本社会全体に一般化することは難しいものであった。

1990年代以降になると，全国規模の社会調査データに基づいた計量研究が登場する。10年ごとに実施される「社会階層と社会移動全国調査」（SSM調査）の1995年調査より，市民活動に関する質問項目が加わったことから，このデータを用いて社会階層とボランティア活動参加の関連に注目した計量的知見が報告されている（岩間 2011; 中井・赤池 2000; 仁平 2008, 2011a; 豊島 1998, 2000）。また，「日本版総合的社会調査」（JGSS）のデータを用いて，社会経済的地位や社会関係，地域特性，宗教属性などとボランティア行動の関連を捉える研究も，近年になって提出されている（Matsunaga 2006; 奥山 2009; 寺沢 2012a, 2013）。

② **物語的研究**　　日本では阪神・淡路大震災以降，災害ボランティア活動に関する研究が多くなされてきた。これらが，ボランティア活動の展開過程を捉える物語的研究に位置づけられる。

災害社会学の立場から，「緊急救命期」「避難救援期」「生活再建期」における被災地内外のボランティア活動の展開を捉えた早稲田大学社会科学研究所都市研究部会編（1996）や，被災地における震災ボランティアの組織化・システム化を詳細に捉えた山下・菅（2002）がある。また，日本災害救援ボランティア・ネットワーク（NVNAD）を事例として，災害ボランティアが被災地で果たす役割や課題，ネットワーク形成などを論じた渥美（2001, 2007）がある。他にも，「被災地障害者センター」等の支援団体を事例として，障害者・支援者・周辺第三者の三者関係を考察した佐藤恵（2010）や，緊急救援段階から生活再建段階で発生した問題状況と，それに対応するボランティアの展開過程を分析した西山（2007）や似田貝編（2008）がある。

物語的研究には，よりマクロな時代的文脈のなかでのボランティアの変容を捉える研究群もある。たとえば，慈善活動や社会事業をボランティア活動の源流として位置づけ，近代化以前からの歴史的変遷を捉える大阪ボランティア協会編（1981）や朝倉・石川（2007）がある。田中（1998）は，1980年代以降，慈善型・奉仕型のボランティアから双方向型・互酬型のボランティアへ，さらにNPOを介在した組織的・持続的なボランティアへと変容を遂げていることを

論じている。こうしたボランティア実態の変容を捉える研究に対し，「慈善」「奉仕」「ボランティア」「NPO」といったボランティア「言表」の変遷過程とその意味を，膨大な文献資料から読み解いた仁平（2011a）もある。

③ 啓蒙的研究　　「ボランティア」という語が日本社会に普及するにしたがって，その意味や機能を新たな視座から捉えようとする研究が登場してきた。これらが，ボランティアに対する新たな理解枠組みを提示する啓蒙的研究である。

　従来は，自発性，無償性，利他性というボランティアの古典的要素に基づき，慈善思想や宗教的理念からボランティアが語られることが多かった（深津 1979; 井上 1979; 吉田 1986）。対して近年では，人間相互の関係性の観点からボランティアが解釈されることが多い（原田 2010; 西山 2007; 津止 2009）。こうした論調の先駆けとなったのが，「相互主観的世界」という新たな視点からボランティアを論じた佐藤慶幸（1994）であった。佐藤は，自己と他者の時間・空間の共有による直接的コミュニケーション過程で生じる〈共感的了解〉の世界のなかに，本源的なボランタリズムの意味を求めた。また金子（1992）は，「ネットワーク」と「情報」という現代的なトピックによる新たな切り口でボランティアを論じた。金子は，人びとの相互依存性のタペストリーのなかで，「ひ弱さ」をもつ自発的な行動をきっかけとした他者との相互作用から新たな秩序の元となる動的情報が生まれるとし，そのプロセスをつくるネットワークがボランティアであると論じた。

　一方で，ボランティアを批判的に考察する研究もある。ボランティアが国家の政策的意図に絡み取られ，動員されていく危険性について論じたのは中野（1999）や伊藤（1996）である。また女性労働研究の立場から，ボランティア活動が女性にのみ押しつけられる低報酬の活動に転化していく危険性をはらむと論じたのは渋谷（1990）であった。安積ほか（1995）は，臨床的観点から障害者自立生活運動における障害者の視点に密着し，障害者とボランティアの間に非対称的関係が生まれやすく，障害者役割が要求されてしまうという問題を考察していた。

3 本書の位置づけ

3.1 日本におけるボランティア研究の課題

　ここまで，ボランティアに関する先行研究が大きく①説明的研究，②物語的研究，③啓蒙的研究の3つにまとめられることを示してきた．国内外のすべての研究を提示できているわけではないが，挙げたものだけでも多角的な視座からボランティア研究がおこなわれてきたことがわかるだろう．本書では上記の3つのアプローチのうち，とくに①説明的研究の役割を重視し，この立場に依拠した研究を展開する．その理由は，次の3つにまとめられる．

　第1に，ボランティアの変化を検討する①説明的研究は，同じく変容を議論しようとする②物語的研究の経験的根拠になるからである．前述したように，②物語的研究の一部として，後期近代化や個人化といった時代的文脈の変容の観点からボランティア活動を考察する研究があった．これらは社会学的意義の大きい研究といえるが，理論的考察に留まっているものも少なくない．もし，過去と現在のデータを用いた時点変化を捉えられる経験的知見があれば，時代変化に言及する議論の説得力がよりいっそう増すと考えられる．

　第2に，ボランティアの実像を捉える①説明的研究は，ボランティアへの新たな認識をもたらす③啓蒙的研究の経験的根拠にもなるからである．①説明的研究は，単に現象の発現の仕組みを説明することに役割があるのではない．それによって見出された知見が，従来の市民社会論や福祉社会論などの前提を揺るがす余地があると考えらえる．理論と実態の間に乖離があるとすれば，その乖離のなかに，ボランティアへの新たな捉え方が内包されている可能性がある．実際に，このような貢献を果たしている前例として，①説明的研究から③啓蒙的研究に展開している，Musick and Wilson（2007）や豊島（1998），仁平（2003,2008）などの研究がある．

　第3に，ボランティア行動の規定要因を明らかにする①説明的研究は，実践

現場での課題に有益な示唆を与えうるからである。NPOが国家や企業に接近し，公共的なサービスの提供を担いつつあるなか，安定したサービスを維持するためには組織管理の課題克服が必要とされる。そして課題のうち最も現場の人びとを悩ませるのが，「ボランティアをいかに確保するか」という点だといわれている。サードセクターの実践家たちは，ボランティアを募集し，動機づけ，維持するための社会科学的な研究知見を求めている状況があり，ボランティア研究者はこの要求に呼応する必要がある（Musick and Wilson 2007: 6）。

以上の点から，①説明的研究は，②物語的研究や③啓蒙的研究に発展しうる研究として，さらには実践的課題に応答しうる研究として，欠かすことのできない"基礎研究"としての意義があるといえる。

しかしながら，①説明的研究（計量的ボランティア研究）は，日本では近年ようやく始まった段階にすぎない。フィールドワークに根ざすボランティア活動の展開過程を捉えた質的研究や，現代社会におけるボランティアの意味を考察した理論的研究には多くの蓄積があるが，日本人のボランティア行動の規定要因を検討する計量的研究は数えられるほどである。[10] 膨大な研究蓄積がある諸外国（とくに欧米）と比較して，日本では「誰がなぜ，ボランティアになるのか」を説明する計量的ボランティア研究の歴史は浅く，十分な知見が得られているとは言いがたい。

また，日本の計量的ボランティア研究の知見と，諸外国の理論的・実証的知見との接合も不十分である。欧米で知られた通説が，現代日本人のボランティア行動の生起メカニズムを説明できるかを確認する作業がほとんどなされていない。そのため，日本人のボランティア行動が発現する仕組みは欧米の理論でも説明されるのか，いまだ明らかでない。

さらに，日本における計量的ボランティア研究では，注目される説明要因は極めて限られている。日本では，主に客観要因（社会階層などの属性）がボランティア行動に対して与える影響が注目される。一方，欧米では近年，客観要因と主観要因（主観的性質）の双方の影響を考慮する領域横断的なアプローチが主流化しつつある。日本人のボランティア行動を説明する際にも，客観要因だけなく主観要因の影響を考慮すれば，これまで見出されていた知見とは異なる説明が成り立つ可能性がある。すなわち，客観要因と主観要因の影響を同時考

慮する領域横断的な視座を欠くことで，意味あるメカニズムが見出されていない可能性がある。

3.2　本書のアプローチと貢献

以上の問題を受けて本書では，諸外国の理論的・実証的知見を十分に精査したうえで，日本で実施された全国調査データの計量分析によって，日本人のボランティア行動の生起メカニズムを検討する。

本書の特色は，欧米で提出された4つの社会的行為の説明理論（資源理論，共感理論，宗教理論，社会化理論）を土台に，これらを統合させた独自理論の実証をおこなう点にある。客観要因と主観要因の双方に配慮した領域横断的な視座から，現代日本人のボランティア行動の発現の仕組みを仔細に検討することで，どの理論部分により普遍性が認められるかを包括的に吟味することが可能となる。

本書が果たしうる貢献については，次のように考えている。まず学術的には，部分的にしか理解されていなかった日本人のボランティア行動の発現の仕組みを精緻に明らかにし，未だ発展途上にある日本の計量的ボランティア研究を前進させることができる。また東アジアの一国の経験的知見を提出することで，欧米だけで通用するのではない，より普遍的な命題を示唆することができる。さらに，人びとが恒常的に助け合うにはどうすればいいか，という21世紀において重みを増しつつある「共助」をめぐる問いに，ボランティア行動という「利他」の仕組みの解明から応答することができるだろう。

注
5　「福祉社会」という言葉は，英語圏では1960年代から次第に用いられるようになったといわれている（武川1999b）。
6　NPOの定義には「非営利性」が含まれる。これに則すると，スウェーデンをはじめヨーロッパに多い協同組合は，利益の配分をおこなうためにNPOの分類からは外れてしまう。そのため，ペストフは協同組合などを「社会的企業」と表現する。しかし協同組合の多くは市民活動から生まれたものであり，公益性も高く，

ボランタリー組織と同様にサードセクターを担う NPO と同等のものとして捉えられる。
7　近年は，北欧諸国において自発的活動や非営利組織に注目が集まっている。普遍型福祉国家の典型として注目を浴びてきたスウェーデンの福祉においても，サードセクターが重要な役割を果たしていることが現地の調査から指摘されている（吉岡 2002, 2008）。
8　さらに，ニュー・エコノミーの進展により家族の経済基盤が不安定化するプロセス，そして個人の自己実現イデオロギーが現実の家族に対して疑いを与えるプロセスの同時進行により，人びとの家族形成が困難になっていることも指摘されている（山田 2005）。
9　この枠組みには，本文で示した理論的アプローチ以外にも，「ボランティア」の定義問題へのアプローチ（問い：「ボランティアとは何か？」）や，学際性の問題へのアプローチ（問い：それぞれの学問分野で，なぜボランティアが研究されるのか？）も含まれている。本書では，これらすべてに該当する先行研究を網羅的に扱うのではなく，本書の関心に近い理論的アプローチに位置づけられる諸研究をとくに取り上げることにする。
10　アメリカ Louisville 大学の H. タニグチは，*Nonprofit and Voluntary Sector Quarterly* に掲載された JGSS データを用いた計量論文（Taniguchi 2010）の導入部分において，日本人のボランティア行動を捉える計量的研究の不足状況に動機づけられて論文を執筆したと記述している。

第2章

誰がなぜ,ボランティアになるのか？

1 統計データからみる日本のボランティアの現状

本書では,「誰がなぜ,ボランティアになるのか」を追究していく。その追究を始める前に,注目する"木"がどのような環境のなかにあるのか,すなわち"森"を鳥瞰しておくことが必要である。まずはマクロな統計データから,日本社会におけるボランティアの現状について基礎的な情報を紹介しよう。

1.1 ボランティア活動率の国際比較

まず,諸外国と日本におけるボランティア活動率について確認する。ここでは,アメリカの世論調査企業ギャラップ社が主に2008年におこなった「ギャラップ世界世論調査(Gallup World Poll)」(OECD 2009)の結果を示そう。[11]

図2-1は,38カ国(OECD諸国:28カ国,非OECD諸国:10カ国)のボランティア活動率を比較した結果である。この調査では,"Have you volunteered your time to an organisation in the last month?"(あなたは先月,何らかの組織でボランティア活動をしましたか)という質問項目でボランティア活動への参加の有無が尋ねられている。[12] 結果をみると,ボランティア活動率(「参加あり」の割合)はアメリカが41.9%と最も高く,中国が3.9%と最も低い。そして,日本は24.7%と全体でみると中程度であることがわかる。日本のボランティア活動率は決して低いわけではないが,とりわけ高くもないといえよう。

ここで国内での調査結果も参照しておくと,2011年に総務省統計局が実施した「社会生活基本調査」によれば,年に1回以上,ボランティア活動をおこなっている人の割合は26.3%である(総務省統計局 2012)。[13] この割合は,先ほどのギャラップ世論調査での日本のボランティア活動率の値とかなり近い。よって,「日本のボランティア活動参加者は約4人に1人」という数字は,ある程度信頼できるものと考えられる。

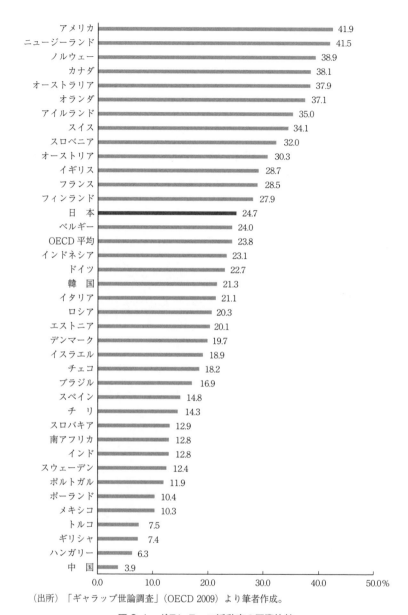

(出所)「ギャラップ世論調査」(OECD 2009)より筆者作成。

図2-1 ボランティア活動率の国際比較

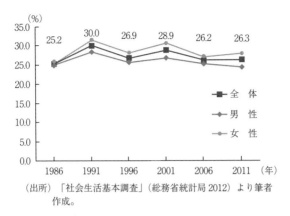

(出所)「社会生活基本調査」(総務省統計局 2012)より筆者作成。

図 2-2 「社会奉仕」「社会的活動」「ボランティア活動」の行動者率の推移

1.2 ボランティア活動率の継時的変化

では，日本のボランティア活動率は変化しているのか。つづいて，ボランティア活動率の継時的変化について確認しよう。

この変化を捉える際，1990 年代以降に「ボランティア」という語が人びとの間で広まったことを考慮する必要がある。言葉が浸透することによって，実態よりも増えていると錯覚される可能性もあるからである。そこで，ボランティア普及以前の「ボランティア的な活動」も捉えることができる調査結果を参照することにする。

先にも紹介した「社会生活基本調査」は，1986 年に「社会奉仕」，91 年および 96 年に「社会的活動」，2000 年代以降に「ボランティア活動」の語を用いて，それぞれの行動者率(年に 1 回以上活動をおこなった人の割合)を捉えている。これらは，各時点における「ボランティア的な活動」の一般的な呼称といえるので，比較することができるだろう。

図 2-2 は，これら諸活動の各年の行動者率の推移を示したものである(図中の数値は，男女合わせた全体の平均値)。これをみると，3 割弱のまま行動者率はほとんど変化していない。しかも注目すべきことに，阪神・淡路大震災後の

1 統計データからみる日本のボランティアの現状   37

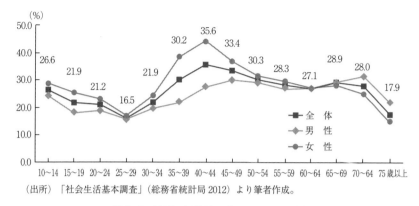

図2-3 性別・年齢別のボランティア活動率

1996年調査時点でも,東日本大震災後の2011年調査時点でも,行動者率に大きな変化はみられないのである。

しばしば,「阪神・淡路大震災の後,日本ではボランティアが増加している」といわれることがある。しかしこのように「ボランティア」という語の普及の影響をコントロールし,「ボランティア的な活動」の継時的変化を捉えると,その割合はこの25年間,ほとんど変わらないのである。

いつの時代もボランティアの割合が変わらないのだとすれば,もしかしたら,日本のボランティア活動はある特徴をもった人たちにいつも偏って担われ,成り立っているのかもしれない。ここで,「誰がなぜ,ボランティアになるのか」という疑問が生じてくる。

1.3 ボランティアの人口学的特性

ではどのような人たちがボランティアになりやすいのか。ボランティア活動をしている人たちの性別,年齢,居住地域といった人口学的特性を確認しよう。

図2-3は,先ほどと同じく「社会生活基本調査」の2011年のデータを用いて,性別・年齢別のボランティア活動率を示したものである。これをみると,30代後半から40代の年齢層で活動率が高いこと,とりわけこの年齢層の女性

表2-1 ボランティア活動率の上位・下位の都道府県

	上位10都道府県	(%)		下位10都道府県	(%)
1	山形県	35.3	47	大阪府	20.6
2	島根県	34.8	46	沖縄県	22.4
3	鹿児島県	34.4	45	青森県	22.7
4	鳥取県	33.9	44	愛知県	23.1
5	岩手県	33.7	43	京都府	23.2
6	長野県	33.1	42	新潟県	23.5
7	岐阜県	32.8	41	高知県	23.7
8	滋賀県	32.6	40	北海道	23.8
9	佐賀県	31.8	39	埼玉県	24.0
10	福井県	31.3	38	和歌山県	24.2

(出所)「社会生活基本調査」(総務省統計局 2012) より筆者作成。

において活動率が高いことがわかる。この年齢層の人(とくに女性)は学齢期の子どもがいることが多く,学校を通じたボランティア活動がなされやすいために見出された傾向だと推測される。

反対に,男女ともに「25～29歳」の若年層や「75歳以上」の高齢層の行動者率が低いこともわかる。若年層の人びとは地域社会との関わりが希薄であるといった理由のために,また高齢層は心身に不調を抱えやすいといった理由のために,ボランティア活動に参加しにくい可能性が考えられる。

また表2-1は,同データを用いて,都道府県別のボランティア活動率における上位10都道府県,下位10都道府県を示したものである。ここから傾向を読み取ることは難しいが,おおむね地方において,ボランティア活動が盛んであることがみてとれるだろう。

以上の統計データから,男性よりも女性,壮年期,地方在住といった特徴をもつ人ほどボランティア活動に参加する傾向があることが指摘できる。

しかしここで示唆されたものは,統計的に意味のある傾向とはいえない。あくまでも記述的な統計であり,他の要因によって生じている「見せかけの関係」である可能性もある。また先に示した解釈も,他の要因の影響を考慮していないために正確なものとはいえない。

したがって,「誰がなぜ,ボランティアになるのか」という問いに確かな答えを与えようとするならば,社会調査の個票データ(個人が記入した調査票によ

って得られたデータ）を用いて，さまざまな要因の影響を統制した多変量解析による精緻な検討が必要になるのである。

2　4つの説明理論

　前節において，「誰がなぜ，ボランティアになるのか」という問いに対して，個票データを用いた多変量解析による検討が必要だと述べた。こうした「実証」に不可欠なものが「理論」である。むしろ，「理論なき実証」はまるで方位磁石のない登山のように覚束ないものであろう。演繹的あるいは帰納的な手続きを踏んで確立されてきた「理論」があってはじめて，「実証」という確かな歩みが可能になる。
　そこでここでは，「誰がなぜ，ボランティアになるのか」に説明を与えてくれる理論を紹介していく。そもそも，ボランティア行動は経済的な利益を目的とせず，義務や強制に基づかないで，他者や集団のために自らの時間や労力を提供する行為である。人間は合理的にふるまうものだと考える人びとからは，「なぜ彼らは，自ら進んで犠牲になれるのか」という疑問が向けられよう。こうした疑問に対して，さまざまな角度からボランティア行動を説明する理論について，議論と検証が積み重ねられてきた。
　本書では，これまでの研究蓄積の豊富さと検証可能性の観点から，資源理論，共感理論，宗教理論，社会化理論の4つをボランティア行動の説明理論として取り上げることにする[16]。これら4つを取り上げる理由は以下である。
　第1に，社会学では資源理論が，心理学では共感理論がボランティア行動を説明する際の，とくに主要な理論とされてきたためである。社会学者は，個人の行為に対する社会構造の影響に関心をもつために，主に個人が有する「資源」，とくに社会経済的資源の影響に注目してきた。一方心理学者は，とくに「共感」の働きに着目してきた。このように社会学と心理学では着眼点が異なるものの，相互に補完するような性質の議論であるため，社会学だけでなく心理学での主要理論にも配慮することにする。こうした領域横断的な視座によっ

て，ボランティア行動の生起メカニズムがより明瞭になると考えられる。

第2に，宗教性と社会化は，研究領域を超えてボランティア行動を説明する重要な概念とされてきたためである。宗教性は，先述した「資源」や「共感」に類する機能的側面をもつため，宗教学や社会学，心理学や政治学などにおいて，ボランティア行動との関連が検討されてきた。また近年，人文・社会科学領域で広く共有されている社会化の概念によって，ボランティア行動の学習の側面に注目する研究が登場している。このような状況を鑑み，資源理論と共感理論，そして宗教理論と社会化理論を取り上げることにする。

本節では，まずこれら4つの理論の考え方を説明する。併せて，これらの理論に依拠しておこなわれた欧米諸国での研究知見を紹介したい。

2.1 資源理論

合理的選択理論の考え方　資源理論とは，人びとの行為は個人がもっている資源の多寡によって決定されるという考え方である。この理論は，「合理的選択理論」と呼ばれる理論から派生しているため，まずは合理的選択理論について簡単に説明しよう。

合理的選択理論[17]（rational choice theory）とは，「人々の行為を合理的に選択されたものとして説明することを通じて，人々の行為の結果として生じている社会現象を説明する，という形式をもつ理論的試み一般」（盛山1997: 137）である。この理論では，『国富論』のなかでA. スミスが示したホモ・エコノミクス（homo economics: 経済人）のような人間モデルが措定されている。つまり，人間は採用可能ないくつかの選択肢を用意し，それらの効用（満足の度合い）を計算したうえで，利益を最大化するように行為すると考えられている。行為に伴うコスト（costs）と行為によって得られる利益（benefits）を比較考量し，コストが利益を上回らない場合に人間の行動は発現するという考え方である。

コストと利益の比較考量によって行為が決定されるという合理的選択理論のもとでは，その行為に伴ってどれだけコストが生じるかという点が1つの論点となる。ここで，個人がもっている資源（resources）の多寡が問題となってくる。同じ活動をおこなうにしても，資源の多い人にとっては時間やお金，労力

の提供といったコストの負担は小さいが，資源の少ない人にとってはそれらのコストの負担は大きくなる。結果として，資源の少ない人ほど行為を起こしにくい。つまり，資源の保有量の差異によって払われるコストの程度が異なり，それによって個々人の行為の発現の仕方に差異が生じると考えるのが資源理論なのである。

　一方，合理的選択理論によれば，いかに利益があるかという点も1つの論点になりうる。ある行為をなすことによって得られる利益が大きい場合，利益が小さい場合よりも行為は発現しやすいだろう。しかし，利益がいかなるものかというのは個人によって千差万別であり，心理的な報酬まで含めると極めて多様なものとして存在しうる。とくに社会学者は，行為が発現する仕組みを社会構造との関連のなかから捉えようとする立場であるため，利益よりもコスト，すなわち資源の方に目を向ける傾向にあったと考えられる。[18]

資源仮説の検討へ　資源理論の考え方は，ボランティア行動の規定要因を捉えようとする社会学者によって支持されてきた。彼らは，一見すると自らを犠牲にする非合理な行為として捉えられるボランティア行動も，ある程度の合理性をもった行為とみなし，それを資源の多寡で説明しようとしてきた。

　ボランティア行動に伴う時間や金銭の消費に耐えられるような資源を十分にもっていれば，払われるコスト感が小さくなる。よって，資源の豊富な人たちはボランティアになりやすい。また，ボランティア活動では，特別な知識やスキルを求められることもよくある。たとえば，高齢者に配食する活動であれば社会福祉や調理に関連する職業の人が，政治的キャンペーンをおこなう活動であれば組織運営やメディア活用のスキルのある人が，それぞれ活動に誘われやすく本人も参加を望みやすい。すなわち，活動に適した資源を豊富にもっている人ほど，ボランティアになりやすいと考えられる。

　このように，資源を豊富に所有している人ほどボランティアになりやすいという考えを「資源仮説（resources theory）」という。これは，主にウィルソンとミュージックらの研究（Wilson and Musick 1997a, 1999; Musick et al. 2000）で提示されている仮説である。この仮説の前提には，「良きことを為したいという

欲求は多かれ少なかれ均等に分配されているが、その欲求を満たす資源は分配されていない」(Wilson and Musick 1999: 244) という考え方がある。資源は、社会のなかで均等には分布しておらず、ある特定の集団に偏って存在している。こうした状態を、社会学では「社会階層」という。したがってこの資源仮説では、社会経済的資源を豊富にもつ高階層の人ほどボランティア活動に参加しやすいとされる。ここに、マクロレベルの社会構造とミクロレベルの社会経済的資源、そして個人行為の連関をみることができる。

これまで欧米の社会学者は、この「資源仮説」に基づいて、社会階層とボランティア行動の関連について社会調査データを用いた実証分析を進めてきた。そして多くの研究で、高階層の人ほどボランティア活動に参加しやすいことが確認されている。

とくに、教育水準がボランティア活動参加とポジティブに関連することが数多くの研究から示されてきた (Brady et al. 1995, 1999; Dekker and Broek 1998; Huang et al. 2009; McPherson and Rotolo 1996; Musick et al. 2000; Wilson and Musick 1997a, 1999)。計量的ボランティア研究を包括的にレビューした Wilson (2000) は、ボランティア活動参加に対し頑健な影響を与える教育水準を「ボランティア行動の最も一貫した予測因子 (the most consistent predictor of volunteering)」(Wilson 2000: 219) と評価している。なぜ教育水準がボランティア活動に影響するかについては、いくつかの解釈がある。たとえば、高学歴の人は組織化したりコミュニケーションしたりする能力に長けている (Brady et al. 1995)、市民的精神が高くコミュニティの問題を理解している (Wilson and Musick 1997b)、ボランティア活動に誘われる機会を高める社会的ネットワークをもっている (Wilson and Musick 1999) といった解釈がなされている。

また、収入もボランティア活動参加と関連するものとして認められてきた。そしてほとんどの研究で、高収入の人ほどボランティアになりやすいことが確認されている[19] (Day and Devlin 1996; Menchik and Weisbrod 1987; Musick et al. 2000; Musick and Wilson 2007)。たとえばアメリカでおこなわれた調査研究では、高収入層に比べて、低収入層や中収入層はボランティア活動にあまり参加しない傾向が示されている (Pho 2008)。収入がポジティブにボランティア行動に影響する理由については、高収入の人は、ボランティア活動に伴う金銭の損失を

埋め合わせることができるので，より多くの時間を活動に割くことができると考えられている。

ただし，収入の影響に関しては上記の資源仮説以外にも，「機会費用仮説 (opportunity cost theory)」という別の仮説もある（Musick and Wilson 2007: 127）。これは，高い賃金を得ている人は，ボランティア活動に伴う賃金の損失が大きいため，多くの時間を活動に割きにくいという逆の考え方である。この仮説は，被雇用者において，高い賃金をもらっている人ほどボランティア活動参加率が低いという研究結果から支持されている（Freeman 1997; Menchik and Weisbrod 1987）。収入の影響については，結果は混在していることを考慮することが必要だろう。

また他にも，職業とボランティア活動参加の関連が検討されてきた。多くの研究に共通する知見は，専門職や管理職の人ほどボランティアになりやすいというものである（Brady et al. 1995; Musick and Wilson 2007; Wilson and Musick 1997b）。Wilson and Musick（1997b）は，専門職や管理職の人ほどブルーカラー職の人に比べてボランティア活動に参加しやすいことを見出しているが，これは職業生活のなかで培った知識やスキル，あるいは管理的で自律的な性質が，非職業的生活においても活用されるためという。

一方，職業の種類ではなく，従業上の地位（経営者／常時雇用者／非正規雇用者／自営業者等の分類）に注目した場合，とくに女性において，パートタイムの労働者はフルタイムの労働者よりも，ボランティア活動により従事しやすいことも確認されている[20]（Einolf 2011; Markham and Bonjean 1996; Pho 2008; Taniguchi 2006）。

2.2 共感理論

共感とはどのようなものか　資源理論は，行為が合理的に決定されるという考え方であった。一方，人間には苦悩を抱える人の痛みを自分の痛みとして感じる性質が備わっており，そうした本性の発露として行為が生じるという考え方もある。そしてこの2つの考え方（人間観）は，必ずしも互いに矛盾するわけではない。それはかつて，『国富論』の

なかで，利己心を本性とするホモ・エコノミクスとしての人間像を提示した A. スミスが，一方で『道徳感情論』において，共感を本性とするホモ・サピエンス (homo sapiens) としての人間像を提示していたことにも象徴されよう。[21]

主に心理学において，共感 (empathy) は「他者の情動状態を認知することによって生じた代理的情動反応」(Feshbach and Roe 1968: 133) や「状況や他者の気持ちを理解したうえで，他者と同じような情動的反応を経験すること」(森下 1990: 174) などと定義づけられている。[22]

共感は，心理学や動物心理学，神経生理学などの研究領域において，人間の社会性の鍵を握る重要な要因として注目されてきた。チンパンジーなどヒト以外の動物が，お互いに情動や願望を理解することがあることから，共感性は生物学的・進化論的基礎をもつと考えられ（澤田 1992)，動物心理学では，動物たちの利他的なふるまいが共感の視点から考察されている (DeWaal 2009 = 2010)。最近では，脳の前頭葉の底面にあたる眼窩領域が共感的反応を司っており，この領域の損傷によって，社会的行動や社会的判断能力の障害，自発的行動の障害をもたらすことがわかっている（永江 2004)。さらに神経生理学では，他者の行為の理解と模倣に関わる神経細胞「ミラーニューロン」が近年発見され，共感の仕組みを解明する重要な手がかりとして注目されている (Iacoboni 2009)。

このように共感は，動物がもつ生得的傾向であることが明らかにされつつあるが，人間においては発達の段階を経るうちにその傾向が強化されていくことも知られている。発達心理学者 M. L. ホフマンによれば，共感の経験は人が他者の感情を認知する水準に依存する。とくに自他の区別が可能となる時期（1歳から2歳にかけて）以降は，他者の苦痛に対する共感が，帰属や社会的認知の働きにより，他者の苦痛を低減しようとする動機づけ機能をもつと考えられている (Hoffman 2000 = 2001)。

共感－利他主義仮説の検討へ

以上のように主に心理学では，人間には他者の悲しみや苦しみを理解したり，同じ感情を共有したりといった共感する能力を生まれつき有していると考えられてきた。さらにこの共感が，他者や社会に利益をもたらす向社会的行動を動機づけ

るという議論がなされるようになった。これを「共感 – 利他主義仮説（empathy-altruism hypothesis）」として確立したのが，心理学者のC. D. バトソンである。バトソンは，利益がコストを上回らない限り利他主義は出現しないという合理的選択理論の考えを否定し，人はある他者に共感をもったとき，たとえそこから得られるものはなかったとしても，その人を援助すると考えたのである[23]（Batson 1991, Batson et al. 1991）。

　共感性が利他的な行為の動機になるという考え方は，向社会的行動研究の発展にも寄与した。共感性と向社会的行動の関連を検討する研究は，幼児を対象としたものから成人を対象にしたものまで，ほとんどが両者の関連性を認めている。

　バトソン自身は，大学生に苦悩する人物の映像を提示し，視聴時の気持ちを感情形容詞で評定し，どのような行動の動機になるのかを検討している（Batson 1991; Batson et al. 1981, 1991）。実験の結果，「心配」「かわいそう」などによって示された共感的関心（empathic concern）は，苦境にある人物の救済を目的とする向社会的行動を動機づけることが確認されている。

　また，発達心理学者のN. アイゼンバーグらは，幼児と児童を対象に，実験場面で感情誘発刺激となる映像を提示し，そこでの顔面表情，心拍数，自己報告などを測定した（Eisenberg and Fabes 1998; Eisenberg et al. 1989; Eisenberg and Miller 1987）。その結果，他者の悲しみを描いた映像の視聴の際には，幼児・児童には悲しみの表情が強く表出され，関心の表情や心拍数の低下といった，共感的関心の兆候がみられた。さらに，生理学的・身体的データや，自己報告において共感的関心を示した幼児・児童は，困窮状態にある相手へ向社会的行動（分与や寄付）をおこなう傾向にあることが認められた。

　上記のバトソンやアイゼンバーグの研究では，実験室における感情誘発刺激に対する反応としての「状態共感（situational empathy）」と向社会的行動の関連を捉えるものだった。これに対し個々の状況を超えた性格特性としての「特性共感（dispositional empathy）」と向社会的行動の関連を検討する研究もある。

　とくに貢献的なのは，社会心理学者M. H. デイビスによる研究（Davis 1983a, 1983b, 1983c, 1994 = 1999; Davis et al. 1999）である。デイビスは，特性共感を多元的な構成概念であると想定し，共感的関心，個人的苦痛，視点取得，ファンタ

ジーの4つの次元によって構成される質問紙尺度を開発した。これは、対人的反応性指標（あるいは多次元的共感性尺度、Interpersonal Reactivity Index: IRI）と呼ばれる。この尺度の値が高い人ほど筋ジストロフィー児救済のためのテレビ番組に積極的に参加する傾向にあること（Davis 1983b）、要援助者と直接的に関わるボランティア活動への参加に興味を示す傾向があり、より大きな報酬を見出す傾向があること（Davis et al. 1999）を確認している。[24]

　同様に、特性共感と向社会的行動の関連について検討しているのが、社会心理学者 L. A. ペナーらによる研究（Penner 2002, 2004; Penner and Finkelstein 1998）である。たとえば、ボランティアを対象とした調査によって、共感的関心はボランティア活動時間と有意な相関関係があることが示されている（Penner and Finkelstein 1998）。またインターネット調査の結果、共感的関心とボランティア活動をおこなった組織の数、週当たりのボランティア活動時間、ボランティア経歴との間に、それぞれ有意な相関性を認めている（Penner 2002）。

　以上の研究は、ほとんどが小規模、あるいは非代表的なサンプルを対象者としておこなわれた研究であり、サンプルバイアスが生じている可能性があった。そこで近年では、より大規模かつ代表性のあるサンプルを用いた社会調査による検証も進んでいる（Bekkers 2005, 2006, 2010; Einolf 2008; Smith 2006; Smith and Kim 2004）。たとえば、アメリカで実施された General Social Survey のデータから、ボランティア活動を含む15の向社会的行動の統合スコアと共感的関心の間に相関関係があることが示されている（Smith 2006; Smith and Kim 2004）。

　さらに、社会学者が注目する客観要因（社会経済的資源）の影響を統制したうえで、心理学者が着目する主観要因（主観的性質）がボランティア行動に直接的に影響するのかを検討する、領域横断的アプローチ（interdisciplinary approach）に基づく研究も登場している（Bekkers 2005, 2006, 2010; Einolf 2008）。社会経済的資源の影響をコントロールしたうえでも、アメリカの General Social Survey のデータでは共感性とボランティア活動参加との間に直接的な関連があることが確認されている（Einolf 2008）。また、オランダの全国調査データでも、共感性がボランタリー組織の参加に直接効果があることが認められている（Bekkers 2005）。

　このように、共感性とボランティア行動の関連の探究は、心理学実験からは

じまり，今や大規模な社会調査データを使った領域横断的な計量的研究へと発展している。

2.3 宗教理論

宗教という論点　共感性は人間以外の動物も有するが，人間に固有の性質の1つとして挙げられるのが宗教性（religiosity）である。[25]
宗教（religion）とは，通常の五感では確認できないような存在や力，あるいは経験といった「『聖なるもの』との関わりのシステム」（島薗 2012: 621）と定義される。とくにキリスト教圏の研究において，「誰がなぜ，ボランティアになるのか」を究明するうえで，宗教の視座は不可欠なものとされてきた。

古来より，宗教はあらゆる国・地域における文化的構造の支柱として，政治・経済体系や生活体系を形成し，人びとの意識や行動に強く影響を与えてきた。社会学における多くの古典的名著も，宗教の観点から人びとの意識・行動のメカニズムを理解しようとしてきた。たとえば，宗教によって異なる社会生活の凝集性が，マクロな水準の自殺率に影響していると指摘した『自殺論』（Durkheim 1897＝1985）がある。また，世俗の職業労働を価値づけるプロテスタンティズムの禁欲主義の精神が，西ヨーロッパの合理的な資本主義の成立に寄与したと論じた『プロテスタンティズムの倫理と資本主義の精神』（Weber 1904＝1989）もある。この現在でも，社会学を志すならば避けては通れない2つの最重要古典は，いずれも近代社会と宗教について議論したものであった。このように，宗教は超越的実存を前提とした教義や戒律によってコミュニティにおける人びとの価値観や規範を形成し，統合し，行動を方向づける働きをもつと考えられている。

自殺や経済活動だけでなく，利他的な行為もまた，宗教とは密接な結びつきがあるものとして捉えられてきた。他者を助け，社会の改良を目指す行為は，宗教文化のなかで育まれていったもの，あるいは宗教的な営みそのものと捉えられる。その根拠に，あらゆる国・社会における慈善事業や社会福祉は，その起源をたどれば，ある宗教家によるボランティア行動が発端となっており，その例には枚挙にいとまがないほどである。[26]

アメリカの宗教社会学者R.ウスノーは,キリスト教に限らず,世界中に存在する主要な宗教のいずれも,その信仰者たちに思いやり(compassion)をもつことを助長すると指摘する(Wuthnow 1991)。「ヘブライ語聖書は,神によって男女が創られたこと,またそのために,他者を愛することが神への献身であることを説く。コーランは,施し(charity)を与える者は,悪魔から自己を守ることができると説く。仏教徒,とくに大乗仏教徒は,最上の徳が慈悲(compassion)であると考える。そしてキリスト教徒は,隣人愛,慈悲(mercy)のおこない,助けを必要とする者への慈善(charity)を重視する」(Wuthnow 1991: 122)と,世界に存在するあらゆる宗教的教義が他者への思いやりに結びつくと論じている。

宗教性仮説の検討へ 宗教的な人ほどボランティアになりやすいという仮説を「宗教性仮説」と呼ぼう。欧米ではこの仮説を支持するような計量的研究が数多く提出されている。

アメリカの政治学者R.D.パットナムが,宗教への積極的関与はボランティア行動の「特に強力な予測変数」(Putnam 2000=2006: 75)と述べるように,多くの研究では,教会出席(church attendance)が,ボランティア活動参加に影響を与えることが確認されている(Becker and Dhingra 2001; Janoski et al. 1998; Ruiter and De Graaf 2006; Smith and Stark 2009; Wilson and Janoski 1995; Wilson and Musick 1997a, 1999)。その関連の頑健性は,「ギャラップ世界世論調査(Gallup World Poll)」がカバーする145カ国の87%の国において,教会出席とボランティア行動がポジティブに関連するという結果が裏付けている(Smith and Stark 2009)。

教会出席がボランティア行動に与える影響に関しては,2つの説明が有力視されている。[27] 1つ目は,教会で身についた神や教義への信奉といった宗教的信念が,他者への献身を促すという説明である(Wilson and Musick 1997a; Wuthnow 1991)。たとえばWuthnow(1991)は,宗教的なコミュニティのなかで深められた神への信仰が,他者援助の重要な動機づけになると指摘している。

2つ目は,教会を通じた信仰者間のネットワークが,人びとにボランティア活動をする機会や圧力を与えることで他者への献身を促すという説明である

(Bekkers 2006; Jackson et al. 1995; Putnam 2000＝2006)。たとえば Putnam（2000＝2006）は，宗教的信念それ自体と同程度に，宗教的コミュニティのなかにある社会的つながりが重要だと述べている。知り合いからボランティア活動の情報を得たり誘われたりすることが，ボランティア活動のきっかけになると考えられている。

先行研究は上記のように，宗教性の要素を宗教的なコミュニティ（community）と信念（conviction）に分けて，宗教性がボランティア行動に影響する理由を考察してきた。宗教性が，社会環境的な次元と心理的な次元の2つに分けられ議論されてきたといえよう。

これまでの多くの研究は，教会出席率とボランティア行動の関連を検討するものが主流であったが，これでは，先述の社会環境的な次元と心理的な次元のうち，どちらがより重要なのかが明らかでない。そこで最近では，統計解析の手法を用いて，教会出席や教団所属の影響を取り除いたうえで，宗教的な信念や経験といった心理的要因が直接的にボランティア行動を規定するのかが検証されている（Einolf 2013; Lam 2002; Loveland et al. 2005; Taniguchi and Thomas 2011; Vaisey 2009; Van Tienen et al. 2011）。

たとえば Loveland et al.（2005）は，北米の調査データを用いて，プライベートな祈りの頻度が，教会出席や教団の影響を統制しても，ボランタリー組織のメンバーであることに有意な影響を与えることを確認している。Lam（2002）もまた，祈りと聖書を読む頻度が多い人ほど，ボランタリー組織に参加することを示している。また，キリスト教の教義に基づく宗教的信念やスピリチュアリティが，直接的にボランティア活動への参加を規定することも報告されている（Einolf 2013; Reitsma et al. 2006; Taniguchi and Thomas 2011; Vaisey 2009; Van Tienen et al. 2011）。これらの知見から，必ずしも宗教的なコミュニティの関与を介さない「個人的宗教性（individual religiosity）」（Van Tienen et al. 2011）が，ボランティア行動を導くことが認められている。

2.4 社会化理論

社会化はどのような概念か　これまでの理論は，個人がもっている社会経済的資源や共感性，宗教性といった，現在の個人の属性によって行為を説明するものであった。対して，個人がかつて身を置いた過去の社会環境の影響に注目するのが，社会化理論である。

家庭や学校をはじめ，人は社会のなかで育つうちにさまざまなものの影響を受けて社会の一員になっていく。社会学ではその過程を伝統的に「社会化（socialization）」と呼んできた。「社会化」という用語は，1890年代にドイツの哲学者・社会学者であるG.ジンメルが，社会学の定義のなかで初めて用いたといわれている[28]（Giddings 1897）。その後，アメリカの社会学者T.パーソンズによる社会化論を経て，精緻化された現代的な用法へと定着していく（大江 2010）。

パーソンズは，「ある役割において十分に機能するために必要な指向の獲得は学習の過程である。しかしそれは学習一般ではなく，ある特定の学習である。この過程は社会化と呼ぶことができよう」（Parsons 1951＝1974: 205）と，学習概念を軸として「社会化」を捉えている。さらに，「社会化という用語は，文献のなかで今日通用している用法によれば，主として，子どもの発育の過程を指している。…（中略）…しかし，ここでは，今日流布している意味よりも広い意味でこの用語を用い，相補的な役割期待体系の作用に対して機能的意義をもつあらゆる指向の学習を指している」（Parsons 1951＝1974: 207-08）と述べる。つまり，子どもの発育に限らない，より広い意味での「役割の学習」，すなわち社会環境によって広い意味での教育の効果を受けることが「社会化」の語で表現されている。そして1940年前後に成立し，50年代から60年代にかけて定着したこうした「社会化」の基本的な考え方は，その後大きくは変化せず，現行の社会化概念に引き継がれている[29]（大江 2010）。

これまでにも「社会化」は，多様で複雑な人間行動を読み解く際の重要な概念とされてきた。ある志向性や行動が，いかにして新たに役割を担う人びとに伝播されていくのかを説明する際に，人が周囲の環境からさまざまな影響を受

けて学び，適応していくという「社会化」の概念は，探究の際の有効な手がかりとなる（Bush and Simmons 1981）。とくに社会学者は，「いかに社会はそれ自身で再生産するのか」（Lutfey and Mortimer 2003: 184）という永続的な探究課題にこれまで取り組んできた。こうした社会秩序の再生産に関する問いに向き合う際に，「社会化」は不可欠の基礎概念として位置づけられてきた。マクロな社会の安定の理由が，ミクロな人びとの学習的相互作用によって考察されてきたのである。

社会化仮説の検討へ　　社会化の視点は，ボランティア行動研究にも取り入れられている。これまでの研究から，過去における社会環境のありようが，現在におけるボランティア行動の発現のしやすさに影響することが明らかにされている。本書では，社会化の主体（社会化される人間）が価値，態度，パーソナリティ，行動パターンなどを獲得する際に作用をもたらす人間および機関を「社会化エージェント」と呼ぼう。この社会化エージェントを種別し，それに従うと，研究知見は大きく次の4つにまとめられる。

　第1に，「他者を援助する大人」という社会化エージェントによる影響を受けて，人はボランティア活動に参加しやすくなるという知見がある（Bekkers 2007; Ozmete 2011; Wuthnow 1995）。たとえば Wuthnow（1995）は，その著書名 *Learning to Care* に表現されるように，「ボランティア活動をする人びとは，ケアすることについて，愛や思いやりを示す彼らの家族や他の人びとから，すでに多くを学んでいる」（Wuthnow 1995: 38）と指摘する。その証左として，アメリカでおこなわれた調査データから，家族が他者を助けるところを「見ていない層」よりも「見ていた層」の方が本人のボランティア活動の平均時間が長いという調査結果を紹介している。

　第2に，「他者援助を重視する学校教育」という社会化エージェントによる影響を受けて，人はボランティア活動に参加しやすくなるという知見がある（Janoski et al. 1998; Lay 2007; Sundeen and Raskoff 1994）。たとえば，Sundeen and Raskoff（1994）は，ボランティア活動への関与を積極的に促している学校に通っている学生ほど，その学生がボランティア活動をする機会が高まることを示している。

第3に,「宗教心のある親」という社会化エージェントによる影響を受けて,人はボランティア活動に参加しやすくなるという知見がある (Bekkers 2007; Caputo 2009; Son and Wilson 2011)。たとえば Bekkers (2007) は,15歳時において親が宗教に参加していた人ほど,現在においてボランティア活動に参加しやすいことを確認している。

第4に,「宗教的な学校教育」という社会化エージェントによる影響を受けて,人はボランティア活動に参加しやすくなるという知見がある。たとえば,Serow and Dreyden (1990) は,宗教的志向性の強い私立大学に通う学生は,公立大学や宗教的志向性の強くない私立大学に通う学生よりも,ボランティア活動により頻繁に参加することを示している。

このように,現在のボランティア行動は,過去における他者を援助する大人との接触や,他者援助を価値づける学校教育,また宗教心のある親や宗教教育を通じて,学習された可能性がある。

さらに Bekkers (2007) は,社会化エージェントとボランティア行動を結びつける媒介要因に着眼して,社会化のプロセスをより精緻に検討している。これによれば,ボランティア行動の社会化プロセスには,次の2つの経路があると指摘できる。

1つは,向社会的態度による媒介経路である。Bekkers (2007) は,親のボランティア行動と本人のボランティア行動の強い関連が,社会経済的資源などの世代間継承の影響を統制してもなお認められることを確認し,これらの関連は向社会性の媒介によって説明されると論じている。Janoski et al. (1998) も,ボランティア活動を重視する学校教育によって社会に対する活発性や寛大性といった向社会的態度が強まり,その結果,数年後のボランティア活動への参加が促進されることを確認している。

もう1つの経路は,宗教的態度による媒介経路である。Bekkers (2007) は,ボランティア行動に対する親の参拝頻度の効果が,本人の参拝頻度の影響を統制すると著しく小さくなるという回帰分析の結果から,「親の参拝頻度→本人の参拝頻度→本人のボランティア行動」という経路が成立していると論じている。同様に Son and Wilson (2011) も,親が宗教を重視するほど本人の宗教的態度が高まり,その結果,10年後の本人のボランティア活動参加の傾向が高

まることを実証している。

このように社会化の視点の導入によって,「過去における人びととの相互作用を通じて,向社会的態度や宗教的態度を身につけることによって,人はボランティアになりやすくなる」というメカニズムが見出されつつある。

3 統合理論の提案

3.1 理論間の関係性の検討──統合理論とは

本書では,以上の4つの社会的行為の説明理論(資源理論,共感理論,宗教理論,社会化理論)に依拠して,日本人のボランティア行動の生起メカニズムを検討していく。より正確に表現すると,これらを1つずつ個別に検討するというよりは,むしろ理論間の関係性を捉え,連結を施した総合的な枠組みに基づいて,実証を進めたいと考えている。

そもそも4つの理論は,それぞれが独立する部分をもちながら,他方で重ね合わせられる部分もある。実際には,これらの理論はいずれか1つが正しいというものではなく,各理論が複合的にボランティア行動の生起メカニズムを説明する構成要素になると想定される。理論間の関係性について,1つずつ考えていこう。

まず,資源理論と共感理論についてである。この2つは,資源理論は個人の客観要因で行動を説明するが,共感理論は主観要因で行動を説明するという違いがある。この考え方の違いは,主に社会学者と心理学者の立場の違いに由来している。しかし昨今では,この違いを乗り越えて,客観要因(社会経済的資源)と主観要因(共感性)の影響を同時に検討する領域横断的アプローチによる研究知見が提出されている (Bekkers 2005, 2006, 2010; Einolf 2008)。そしてこれらの研究では,客観要因(社会経済的資源)と主観要因(共感性)の両方がボランティア行動を独立して規定することが確認されている。つまり,「どちらが」というよりも「どちらも」が説明要因であり,資源理論と共感理論は矛盾せず

に同時に説明力をもつ可能性がある。

　また宗教理論に関しては，資源理論と共感理論に重ね合わせることができる。具体的には，宗教的ネットワーク（社会環境的な次元）に注目する見方は資源理論と重なり合い，個人の宗教的態度（心理的な次元）に注目する見方は共感理論に重なり合う。これに示唆を与えるのが，近年，教会を通じた宗教的ネットワークが参加を促すというよく知られた知見であり，また個人の宗教的態度それ自体が参加を導くと見出されていることである（Einolf 2013; Lam 2002; Loveland et al. 2005; Taniguchi and Thomas 2011; Vaisey 2009; Van Tienen et al. 2011）。つまり，宗教性は心理的な要素からも，社会環境的な要素からも，ボランティア行動への影響力が確認されている。したがって，説明要因は社会経済的資源と主観的性質（共感性・宗教的態度）のように大きく二分され，これら双方がボランティア行動に影響を及ぼす可能性が考えられる。[31]

　さらに社会化理論は，過去に身を置いた社会環境のなかで必要な心性を習得することにより，ボランティアになりやすくなるというものであった。つまり，社会化エージェントを通じて何らかの価値観や態度を学んだ結果，行動が発現するという考え方であり，これは共感理論や宗教理論と接合される。先行研究でも，共感理論に関しては人びとの共感性のルーツは家族など身近な他者とのコミュニケーションのなかにあると主張されていた（Eisenberg 1992＝1995）。また宗教理論に関しても，個人の宗教的態度は，宗教心のある親といった身近な他者によって伝達されると議論されてきた（Bekkers 2007; Caputo 2009）。このようにこれまでの議論のなかで，周囲の大人などの社会化エージェントによって共感性や宗教的態度が高められることが含意されていたのである。

　つまりこれらの議論を総合すると，ボランティア行動は社会経済的資源と主観的性質（共感性・宗教的態度）の両方から決定づけられ，そして後者の主観的性質は，社会化エージェントによって形成されるという関係が考えられるのである。

　以上の点を踏まえると，資源理論，共感理論，宗教理論，社会化理論という4つの説明理論を総合的に組み合わせた「統合理論（integrated theory）」を提案することができる。具体的には，「ボランティア行動は社会経済的資源によって規定されるのと同時に，社会化エージェントによって習得された共感性や

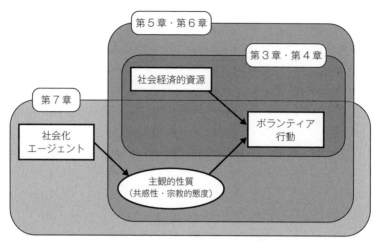

図2-4　分析枠組みと章立ての概念図

宗教的態度によって規定される」という内容になる。

　この統合理論の考えを分析枠組みとして図示したものが，図2-4である（図序-1を再掲）。この図では，時間軸の左側には社会化エージェントが配置され，中央には社会化エージェントによって習得される主観的性質（共感性・宗教的態度）が位置づけられている。そして主観的性質とは独立した中央同列に社会経済的資源が並び，右端には説明されるボランティア行動が据えられている。このように，これまでは個別に扱われてきた資源理論，共感理論，宗教理論，社会化理論であるが，各理論を代表する要因が1つの平面上に配置され，それぞれ相互関連し合いながらボランティア行動を規定するものとして表現されている。

　本書ではこの統合理論を分析枠組みとして，図中の→（矢印）で示された因果パスが成立するのかを，日本で実施された全国調査データの計量分析によって検証していく。それによって，現代日本におけるボランティア行動の生起メカニズムの解明を目指したい。

3.2 各章における検討課題

本書では，上に示した統合理論を分析枠組みとして実証を進めていくが，各パスの成立を確認するにあたっていくつか考慮すべき論点がある。本章ではとくに諸外国の先行研究について取り上げたが，当然ながら日本での先行研究もある。よって各章においては，国内での先行研究で問題とされてきた論点や日本社会の文脈を踏まえたうえで，検証を進めることにする。こうした論点については，各章で詳しく説明することにし，ここでは各章における検討課題の概略を以下に示しておく。

まず第3章と第4章では，社会経済的資源とボランティア行動の関連に注目する。第3章では，社会経済的資源が，フォーマルなボランティア行動であるボランティア活動参加に与える影響を検討する。第4章では，社会経済的資源が，インフォーマルなボランティア行動である援助行為に与える影響を検討する。

次に第5章と第6章では，社会経済的資源と主観的性質がボランティア行動に与える影響に注目する。第5章では，社会経済的資源と主観的性質（共感性・宗教的態度）が，フォーマル・インフォーマルなボランティア行動（ボランティア活動参加・援助行為）に与える影響を検討する。第6章では，宗教性の諸次元が，ボランティア行動に与える影響を検討する。

最後に第7章では，社会化エージェントと主観的性質，ボランティア行動の関連に注目する。第5章と第6章で用いられた共感性や宗教的態度を，社会化エージェントとボランティア行動の媒介要因として位置づけた社会化プロセスが成り立つのかを検討する。

付記1　その他の要因の影響について

次章以降では，主に社会経済的資源と主観的性質，社会化エージェントがボランティア行動に与える影響に着目した分析結果を示していく。すべての計量

分析において，上記の要因の影響だけでなく，性別，年齢，地域といった人口学的要因の影響も考慮する。これらの要因に関して，これまでにわかっていることを先取りしてまとめておこう。

性別に関しては，一般的な傾向として，男性の方がボランティアになりやすいことが国際比較調査データによって明らかにされている[32] (Lim and MacGregor 2012; Ruiter and De Graaf 2006)。ただし，アメリカではボランティア活動率の有意な性別差が確認されていないものもあり (Gallagher 1994; Wilson and Musick 1997a)，オランダではむしろ女性の方がおこなっているという研究がある[33] (Bekkers 2005)。日本では，大規模な社会調査データによって得られている知見は統一的ではない。「社会階層と社会移動全国調査」(SSM調査) のデータでは女性ほどボランティア活動に参加する傾向が確認されているが (仁平 2008, 2011b)，「日本版総合的社会調査」(JGSS) のデータでは性別の有意差は認められていない (Taniguchi 2010; 寺沢 2013)。

年齢に関しては，国際比較調査データでは，年齢の正の効果が確認されている (Lim and MacGregor 2012; Ruiter and De Graaf 2006)。日本でも同様に，正の効果が確認されている (仁平 2008, 2011b)。年齢の曲線効果を考慮した研究では，2乗項に負の効果が確認されている (Taniguchi 2010; 寺沢 2013)。すなわち，年齢の高い人の方がボランティアになりやすいが，ある年齢以降は参加しにくくなるという傾向があるといえる。

この他に，居住する地域の規模の影響も検討する。欧米では，都市よりも地方においてボランティア活動は活発であることが知られている (Smith 1994; Wilson 2000)。日本でも，いくつもの調査データで地方 (小規模の市郡) に住む人の方が，ボランティア活動に参加する傾向があることが確認されている (仁平 2008; Taniguchi 2010; 寺沢 2013)。

各章の分析では，以上の要因については統制変数として設定し，先行研究と同じような傾向がみられるかを確認しながら，本書の主題である統合理論の枠組みが成立するかを検討していくことにする。[34]

付記2　使用するデータについて

以下は，本書で使用するデータに関する情報である。

第3章では，1995年に実施された「社会階層と社会移動全国調査」(SSM調査)のデータ(SSM1995)を用いる。2次分析にあたり，東京大学社会科学研究所附属社会調査・データアーカイブ研究センターSSJデータアーカイブから〔「1995年SSM調査，1995」(2005SSM研究会データ管理委員会)〕の個票データの提供を受けた。

また，第3章では，2010年に実施された「2010年格差と社会意識についての全国調査(面接)」のデータ(SSP-I2010)，第4章と第5章では，2010年に実施された「2010年格差と社会意識についての全国調査(郵送)」のデータ(SSP-P2010)を用いる。この研究は，SSPプロジェクト(http://ssp.hus.osaka-u.ac.jp/)の一環としておこなわれたものである。SSP-P2010とSSP-I2010データは，統計数理研究所共同プログラム(24-共研-4203)に基づき，SSPプロジェクトの許可を得て使用している。第3章と第4章，第5章は，科学研究費補助金(基盤S)「現代日本における階層意識と格差の連関変動過程の実証的解明」(研究代表者：吉川徹，課題番号：23223002)による研究成果の一部である。

第6章と第7章では，2013年に実施された「ボランティア活動と信仰に関する調査」のデータを用いる。第6章と第7章は，科学研究費補助金(挑戦萌芽的研究)「ボランティア行動の規定要因——宗教性と利他主義による国際比較モデルを目指して」(研究代表者：川端亮，課題番号：24653117)による研究成果の一部である。データの使用については研究代表者の許可を得た。

以上のデータの使用に関して，記して感謝を申し上げたい。

注
11 本調査は，世界の人口の約95%をカバーする153カ国にて実施されたものである。各国において，農村部を含む全国の15歳以上の住民1000人程度に対し，電話調査もしくは面接調査がおこなわれている。グラフに示した38カ国のデータは，*OECD Factbook 2009* にて報告されているもののみを使用した。データの

うち，技術的な理由のため，イスラエルの数値は政府統計によるものである（OECD 2009）。
12　綴りは原文ママ。
13　生活時間の配分や余暇時間における主な活動の状況など，国民の社会生活の実態を明らかにするために，総務省が1976年以来，5年ごとに実施している調査である。第8回目となる2011年調査は，2011年10月20日現在で，全国に居住する約8万3000世帯の10歳以上の世帯員約20万人を対象としておこなわれた。なお2011年の調査は，東日本大震災の影響により，岩手県，宮城県および福島県の一部地域は除かれている。
14　詳しくは，三谷（2013）を参照されたい。
15　1986年と1991年の割合は15歳以上，1996年以降の割合は10歳以上の行動者率を示している。
16　それ以外の説明理論として，社会的交換理論や集合行動論，社会関係資本（ソーシャル・キャピタル）論などもある。これらを本書においてとくに取り上げない理由は以下である。

　　まず社会的交換理論は，人は交換による見返りがある場合に行動するという前提があるが，どのようなものが報酬となるのかは心理的なものを含めて多様かつ流動的であり，厳密に測定することは難しい。たとえ交換の営みが現実にあったとしても，本研究で用いられた質問項目ではそれらを適切にすくい上げることはできないため，この理論については取り扱うことができない。

　　また集合行動論は，政治参加などを説明するものであり，社会に対する怒りや不満といった主観的な動機が参加を促すという内容である。本書で用いる調査データにはこうした動機を捉えた質問項目が含まれないため，この理論を検証することはできない。また，集合行動が一時的な群集行動を含む概念である一方，ボランティア行動は日常生活のなかで定期的に行われる行動を含む概念であり，こうした概念間の相違からも集合行動論を用いることが難しい。

　　社会関係資本論は，人間関係のネットワークや共有された互酬性の規範などが参加を促すという理論である。ソーシャル・キャピタル論が多領域にわたって敷衍するなか注目すべき理論ではあるが，ことボランティア行動の説明理論としてはその意味合いを慎重に考える必要がある。というのも，ボランティア行動自体がソーシャル・キャピタルであり，概念の一部が概念の他部で説明されるのは当然だからである。また，ネットワークや互酬性の規範などとボランティア行動の関連が見出されたとしても，これらの因果関係を横断的調査データによって確定させることはできない。なおすでに，友人接触が頻繁な人や所属する組織の多い

人ほど，ボランティア活動に参加することが先行研究で示されている（Matsunaga 2006; 永冨ほか 2011; Taniguchi 2010）。よって本書では，社会関係資本論の有効性を認識しつつ，これ以外の理論の可能性を探ることに注力する。社会関係資本要因（友人接触）の影響を統制したうえで，本書が注目する説明理論の有効性を確認するという立場をとる（第6章と第7章の計量分析では，友人接触を統制変数として投入している）。

17　合理的選択理論というと新古典派経済学が最も有名であるが，近年では社会学や政治学でも用いられており，今や社会科学全体において，大きな影響力をもった理論である（太郎丸 2010）。なお，本来社会学のものではなかった合理的選択理論が，社会学理論そのものに入ってくる最初の契機となったのが，社会的交換理論を提唱したG.C.ホーマンズが晩年に，社会的交換理論と合理的選択理論を結びつける見解を示したことにある（富永 1995）。彼が提唱した社会行動理論（Homans 1974=1978）に基づく社会的交換理論が，それまでの人類学での社会的交換理論と異なるのは，厳密な合理性が仮定されている点であった。そのため，社会的交換理論は合理的選択理論と結びつけられて論じられたのである。近年の社会学では，合理的選択理論は，マクロレベルの社会構造とミクロレベルの個人の行為を結びつけて捉えようとするミクロ・マクロリンクの問題を扱う際における有用な理論として位置づけられてきた。その代表的著作と目されているのが，J.S.コールマンの『社会理論の基礎』（Coleman 1990=2004/2006）である。彼はコールマン・ボートと呼ばれる図を用いて，マクロな社会構造がミクロの個人の選好や信念，資源や機会を形成し，それをもとに相互行為が行われ，それが社会構造の再生産や変動を生むと説明している。このように，伝統的なホモ・エコノミクス的人間観を修正し，社会構造，資源や価値・規範が個人の行為に影響を与えるプロセスを組み込み，合理的な行為が集積した結果として社会現象を説明するという方針をとることで，合理的選択理論は社会学に取り入れられてきた経緯がある。

18　ボランティア行動研究において，利益の方に注目する先行研究もある。先行研究では，ボランティア活動をすることによって，雇用適性や心理的・身体的健康，生活満足感，自己効用感，市民的精神，集合財，信頼，社会統合などが増進することがわかっている（Haski-Leventhal 2009; Lum and Lightfoot 2005; Musick and Wilson 2003; Ohmer 2007; Thoits and Hewitt 2001; Van Willigen 2000; Wilson and Musick 1999）。しかしこうした利益は，ボランティア活動を通じて得られるものとして位置づけられており，ボランティア行動の規定要因として実証的に検討されているわけではない。

19 収入とボランティア活動の参加時間が関連しないという知見もある（Gallagher 1994）。
20 一方で，時給払いの被雇用者は，そうでない労働者よりもボランティア活動に参加しにくく，費やす時間も少ないという報告もある（DeVoe and Pfeffer 2007）。
21 スミスは共感を表す語として sympathy を用いている。一般に心理学では，empathy は共感，sympathy は同情と表現されるが，スミスのいう sympathy は，心理学上の empathy に相当する（谷口 1979: 20）。彼は，他者の悩みや苦しみ，喜びや愉快さといった感情を共に感じる同胞感情を「共感」と呼び，これが道徳的判断の基底となると議論している。
22 共感には認知面と感情面があり，ここで示した定義は両方の側面を包括するものである。
23 ただしバトソン自身の他の研究（Batson and Shaw 1991）のなかで，利他主義と利己主義は同時に存在しうるということ，つまり動機には複数性があることが指摘されている。
24 共感的関心とボランティア活動の満足感や継続性には関連がみられないことを示した先行研究（Davis et al. 2003）もある。
25 ここでは，宗教組織，宗教的実践のような可視的な宗教現象のみならず，それらから派生する宗教文化や宗教的信念・経験などの不可視な現象を含めた，宗教的な性質の総体を宗教性と呼ぶ。
26 イギリスで世界初のセツルメント・ハウス「トインビー・ホール」を創設した S. バーネットや，「隣友運動」（貧困家庭の友愛訪問）を行い慈善組織協会の活動に多大な影響を与えた T. チャーマーズは牧師であった。また，修道女であるマザー・テレサがインド・カルカッタのスラム街で救貧活動をおこなったことは有名である。

　日本でも，明治・大正期に活躍した社会福祉のパイオニアには熱心な宗教家が多い。たとえば，神戸市新川のスラム街で救貧活動を行い，友愛会関西労働同盟会や神戸購買組合（現・コープこうべ）を設立した賀川豊彦，感化院（現・児童自立支援施設）を設立した留岡幸男，岡山孤児院を設立した石井十次，日本で最初の隣保館である「キングスレー館」を設立した片山潜は，いずれもクリスチャンとして知られる。
27 なお，教会出席とボランティア活動参加に関連があるのは，単に教会でボランティア活動をおこなっているから，という説明も考えられる。この点に関してはパットナムが，信仰熱心な人は自分の宗教団体を超えた活動にも参加する傾向に

あることを指摘している。つまり，信仰者は教会で友人になった人びとから教会以外でおこなわれる他の形態のボランティア活動に誘われるため，必ずしも教会だけでボランティア活動をするわけではない（Putnam 2000＝2006: 74）。よって，教会でボランティア活動をおこなっているという点以外の側面から，教会出席がボランティア活動参加に与える影響の大きさを考える必要がある。

28 ジンメルは，他者に作用を及ぼし，他者から作用を受けるという心的相互作用としての「社会化」の諸形式によって社会が成立するとする。そして，こうした相互作用あるいは社会化の諸形式を，広義の「社会」構成体から思考上で分離し，方法的に統一的な科学的観点のもとで研究する立場を，社会学の立場としている（Simmel 1908＝1994: 15-17）。また，「社会化」という語をタイトルに付す学術書を初めて出版した F. H. ギディングスは，社会化を「結合する個人における社会的性質，あるいは社会的性格――精神の社会的状態――の発達」（Giddings 1897: 2）と表現している。

29 最近の定義としては，*Handbook of Socialization* のなかで「ナイーブな個人が成長する文化のなかで適格に機能するために必要とされる技能，行動パターン，価値，および動機づけを教えられる過程」（Maccoby 2007）などがある。

30 厳密には，社会化の主体が価値や態度，行動パターンなどを獲得するときに，それに作用を及ぼす人間を社会化の「エイジェント」，機関や組織を「エイジェンシー」と呼ぶ（大江 2010: 8）。本書ではこれらを区別せずに「社会化エイジェント」と表現する。

31 宗教的ネットワークは社会的な資源として，社会経済的資源に位置づけられる。

32 同じ活動でも行為内容にジェンダー分離が生じていることを論ずる研究もある。たとえばユーススポーツ組織のなかで男性はコーチを担いやすく，女性は炊事などを担いやすいといった分離が発生することが指摘されている（Messner and Bozada-Deas 2009）。

33 ボランティア行動に対する性別の効果は，当該社会でいかに女性が力をもっているかに依存するといわれている。女性が大きな政治力や経済力をもつ国では，国全体のボランティア活動率が高く，非営利セクターの規模が大きいという報告もある（Themudo 2009）。

34 各章の分析では，性別・年齢・市郡規模以外の統制変数はそれぞれ異なる場合がある。これは，各章で取り上げる先行研究での統制変数の選択に倣ったため，あるいは分析モデルの説明力をより高めることを重視したためである。

第3章

富裕層ほど「ボランティアになる」のか？
Ⅰ ボランティア活動参加

はじめに

　第3章と第4章では，社会経済的資源とボランティア行動の関連に注目する。まず第3章では，社会経済的資源が，ボランティア活動参加（フォーマルなボランティア行動）に与える影響を検討する。そのうえで，本当に社会的に恵まれた富裕層ほどボランティアになるのかを確かめよう。

1　高階層傾向のゆくえを追う

　社会経済的資源とボランティア行動の関連については，これまでにも日本の社会学者によって検討が積み重ねられてきた。そこでは，社会経済的資源を豊富にもっている人ほど，社会的活動やボランティア活動に参加しやすいことが示されてきた（平岡 1986; 岩間 2011; 三上 1991; 中井・赤池 2000; 仁平 2003, 2008, 2011b; Taniguchi 2010; 豊島 1998, 2000）。

　はじめて全国調査データによって厳密な分析をおこなった豊島（1998, 2000）は，1995年のSSM調査データを用いて，高学歴層や高収入層，管理職や大企業ホワイトカラー職の人ほど，「社会的活動（ボランティア活動，消費者運動など）」への参加頻度が高いことを確認している。「ボランティア活動は，『誰でも参加できる当然の活動』という生活行動様式にまで成熟しておらず，生活にゆとりがある一部の人びとによって，いわば『エリート的な』活動という側面が未だに払拭できない現状にあるといえよう」（豊島 1998: 168）と結論づけている。

　この豊島論文の追試として2005年SSM調査データを分析したのが，仁平（2008）である。そこでは，「ボランティア活動」への参加頻度を重回帰分析することによって，教育年数や世帯年収，経営者・役員層，自営・家族従業層が参加に対して正の効果をもつことが確認されている。

　このように全国調査データを用いた先行研究において，日本の社会では，高収入，高学歴，管理職の人ほど，ボランティア活動に参加する傾向があることが検証されてきた。

ところが，最近おこなわれた調査研究では，他の要因の影響と比較すると，ボランティア活動参加に対する社会階層（社会経済的資源）の影響は必ずしも大きくないことが指摘されている（仁平2011b; Taniguchi 2010）。仁平（2011b）は，先述の2005年SSM調査データでは1995年SSM調査データに比べて，世帯年収や管理職層の効果が見出せなくなることを確認している。これを踏まえて，「『新しい市民社会』の活動例とされるボランティア活動，市民運動は，他の参加形態に比べ階層の効果は相対的に弱い。しかもその傾向がこの10年で生じてきた可能性もある」（仁平2011b: 315）と記している。またTaniguchi（2010）は，2002年のJGSSデータを用いて，高等学歴層や無職層ほどボランティア時間が長いことを確認している。仁平（2011b）と同様に，ここでも世帯年収や管理職層の有意な効果は見出されていない。このように，従来はボランティア活動参加者の高階層傾向がみられていたのに対し，昨今ではその傾向は明瞭なものではなくなってきているのである。

　しかし，ここで高階層傾向はみられなくなっていると断定するだけの根拠が，上記の2つの研究で十分に示されているとは言いがたい。まずTaniguchi（2010）は，一時点のデータしか用いていないため，社会階層がボランティア活動参加に与える影響の弱さが過去と比べた場合にどの程度であるのかについて判断することができない。他方，仁平（2011b）は，1995年と2005年のデータを用いて社会階層とボランティア活動参加の関連の時点間比較分析をおこなっているものの，2時点のクロス集計を比較したときにこれらの関連がどの程度異なるのか，また他の要因の影響を十分に取り除いた多変量解析をおこなった場合にも両者の関連に弱まりがみられるのかについて，検討する余地を残している。またいずれの研究も2010年代のデータを用いた知見は提出されておらず，新たなデータでTaniguchi（2010）や仁平（2011b）の知見を再検討することも求められる。

　そこで本章では，ボランティア活動参加者における高階層傾向が現在もみられるのかどうか，過去との比較の観点から検証する。1995年と2010年に実施された2つの全国調査データを用いて，記述的分析およびより精度の高いモデルによる分析をおこない，社会経済的資源とボランティア活動参加の関連を詳細に検討していく。

2 データと変数

2.1 データ

本章で用いるデータは,1995年10〜11月に実施された「社会階層と社会移動全国調査」(SSM調査) のデータ (以下,SSM1995) と,2010年11〜12月に実施された「2010年格差と社会意識についての全国調査 (面接)」のデータ (以下,SSP-I2010) である[35]。両調査では,層化多段無作為抽出法によってサンプルが抽出されている。SSM1995は有効回収数が2653人 (有効回収率:約65.8%),SSP-I2010は有効回収数が1763人 (有効回収率:約50.4%) であった。分析対象者は全国に居住する25〜60歳の男女であり,欠損値のないケースはSSM1995で1568人,SSP-I2010で1535人であった。

2.2 変数

被説明変数は,「社会的活動 (ボランティア活動,消費者運動など)」(SSM1995) と「ボランティア・NPO・NGO活動」(SSP-I2010) の参加頻度である。これらは,「あなたは,次にあげるような活動をしていますか」(SSM1995),および「あなたはつぎにあげるようなことをどの程度していますか」(SSP-I2010) につづく各活動項目に対し,5件法で回答を求めた質問項目によって得られたものである。

質問項目のワーディングが,両者で異なっている点に説明が必要だろう[36]。通常,比較分析の際には同一の質問項目を用いることが望ましいが,今回はむしろ異なっている方が都合がいい。というのも,今回の質問項目は,総務省が5年ごとに実施する「社会生活基本調査」で用いられている「社会的活動」(1990年代) と「ボランティア活動」(2000年代以降) の項目にほぼ重なり合っている。重要なのは,SSM1995において「社会的活動」を用いている点である。

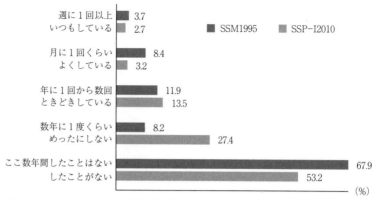

図 3-1　社会的活動（SSM1995）とボランティア・NPO・NGO 活動（SSP-I2010）の参加頻度の度数分布

先行研究も指摘するとおり「ボランティア」という言葉は近年になって普及し、十分に普及する以前にはよりエリート的な活動に対して用いられる傾向にあったようだ（仁平 2003; 鈴木 1987）。よって、「ボランティア」という言葉が社会に十分に浸透する以前の時代については「社会的活動」の語を用いられていることが、むしろ回答者のイメージを歪めることを防いでおり、それにより実態がより正確に把握されていたのだと解釈することができる。仁平（2011b）でも、「社会的活動」と「ボランティア活動」を被説明変数として規定要因の時点間比較がおこなわれており、本章でもこの方法を踏襲することにする。

「社会的活動（ボランティア活動、消費者運動など）」（SSM1995）の度数分布は、「1：週に1回以上」が58人、「2：月に1回くらい」が131人、「3：年に1回から数回」が186人、「4：数年に1度くらい」が128人、「5：ここ数年間したことはない」が1065人であった。「ボランティア・NPO・NGO 活動」（SSP-I2010）の度数分布は、「1：いつもしている」が41人、「2：よくしている」が49人、「3：ときどきしている」が207人、「4：めったにしない」が421人、「5：したことがない」が817人であった。これら2つの度数分布（％）を図示したのが図3-1である。

上記のように、両者では回答選択肢のワーディングが異なっている。また両

者とも活動をしたことがない層が大半を占め，分布が偏っている。よって，「3：年に1回から数回／ときどきしている」より高い頻度で参加している人を「参加層」とみなし，回答項目1～3を「1：参加層」，4～5を「0：非参加層」とする2値変数を被説明変数にすることにした。これ以降，この被説明変数を「ボランティア活動参加」と表現する。

ボランティア活動参加の量的変化をみると，1995年では23.9%であり，2010年では19.4%であった。前章の「1.2　ボランティア活動率の継時的変化」でみたように，「社会生活基本調査」のデータでも，1980年代以降の「社会奉仕」「社会的活動」「ボランティア活動」への参加率は，2010年代に至るまで約2～3割の水準でほぼ一定である。これと同様，本章で用いている2つの全国調査データからも，ここ数十年間における日本人のボランティア活動参加率は大きくは変化していないことが改めて確認される。

説明変数となる社会階層（社会経済的資源）の指標として，教育年数と世帯年収，従業上の地位を用いた。また統制変数として，性別，年齢，婚姻地位，6歳以下の子有無，居住する市郡規模，都道府県を用いた。性別と年齢は，多くの先行研究で人口学的変数として用いられている。婚姻地位と6歳以下の子有無は，Taniguchi (2010) などで分析モデルに投入されている。また，ボランティア活動参加は「地域組織を通じて，地域の問題に対して，地域の人びとによって行われる地域現象」であり，地域条件の影響を受けやすい（Musick and Wilson 2007: 319）と指摘されていることから，居住する市郡規模と都道府県も統制変数とした。

表3-1が，分析に用いる変数の記述統計をまとめたものである[37]。

3　分析結果

3.1　クロス集計からみる社会階層とボランティア活動参加の関連

クロス集計から社会階層とボランティア活動参加の関連を確認しよう。図

表 3-1 変数の記述統計

変　数	詳　細	SSM1995			SSP-I2010		
		範囲	平均	標準偏差	範囲	平均	標準偏差
ボランティア活動参加	0：非参加層，1：参加層	0-1	0.24	0.43	0-1	0.19	0.40
性　別	0：男性，1：女性	0-1	0.52	0.50	0-1	0.56	0.50
年　齢	20代	0-1	0.08	0.27	0-1	0.07	0.25
	30代	0-1	0.24	0.43	0-1	0.27	0.44
	40代	0-1	0.37	0.48	0-1	0.30	0.46
	50代	0-1	0.31	0.45	0-1	0.36	0.48
婚姻地位	既　婚	0-1	0.86	0.35	0-1	0.77	0.42
	離・死別	0-1	0.05	0.21	0-1	0.06	0.24
	未　婚	0-1	0.10	0.30	0-1	0.17	0.37
6歳以下の子有無	0：なし，1：あり	0-1	0.20	0.40	0-1	0.20	0.40
市郡規模	特別区・政令市	0-1	0.21	0.41	0-1	0.21	0.41
	その他の市	0-1	0.53	0.50	0-1	0.64	0.48
	郡　部	0-1	0.26	0.42	0-1	0.15	0.35
教育年数	旧制尋常小学校6年，中学校9年，高校12年，専門学校13年，短大・高専14年，大学16年，大学院修士課程18年，大学院博士課程21年を割り当て	6-18	12.36	2.24	9-21	13.22	2.00
世帯年収	世帯年収の回答（カテゴリ）に中央値を割り当て，対数変換したもの	3.58-8.86	6.54	0.58	2.53-8.78	6.21	0.75
従業上の地位	経営者・役員	0-1	0.06	0.23	0-1	0.04	0.20
	常時雇用者	0-1	0.45	0.50	0-1	0.45	0.50
	非正規雇用者	0-1	0.12	0.32	0-1	0.21	0.41
	自営業主・家族従業者	0-1	0.17	0.38	0-1	0.10	0.30
	無　職	0-1	0.20	0.40	0-1	0.19	0.40

（注）　SSM1995 では $N=1,568$。SSP-I2010 では $N=1,535$。

3-2，図3-3，図3-4は，クロス表を棒グラフで表したものである。3つのグラフには，2つの変数が独立しているかどうかを確認するカイ二乗（χ^2）検定（独立性の検定）の結果を示している。また，Cramer's V は，2つの変数の関連の強さを示す指標であり，1に近いほど関連が強いことを意味する。グッドマンとクラスカルの γ は，順序尺度の2変数間の相関の程度を示す指標であり，

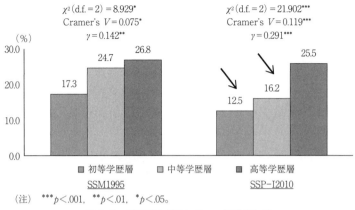

図 3-2　学歴別のボランティア活動参加率

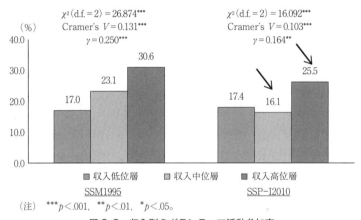

図 3-3　収入別のボランティア活動参加率

−1 から 1 までの値をとる。*や†が記されている数値は，関連の程度が統計的に"有意"であることを示し，p はその有意水準を表している。

それぞれのグラフの意味について説明しよう。

まず図 3-2 では，教育年数を初等学歴層，中等学歴層，高等学歴層の 3 カテゴリに分け，学歴別にボランティア活動参加率を提示している[38]。1995 年でも 2010 年でも，初等学歴層＜中等学歴層＜高等学歴層の順に参加率が高くなっ

3　分析結果　　73

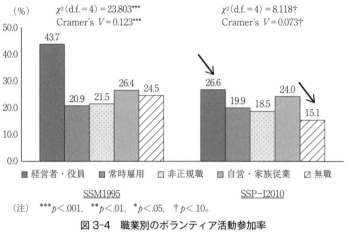

図 3-4　職業別のボランティア活動参加率
(注)　***$p<.001$, **$p<.01$, *$p<.05$, †$p<.10$。

ている。1995 年と 2010 年を比較すると，とくに初等学歴層と中等学歴層の参加率が低下している。Cramer's V は，1995 年では 0.075*，2010 年では 0.119*** とどちらも有意な値であり，関連の程度は大きくなっている傾向がある。また γ は，1995 年では 0.142**，2010 年では 0.291*** とどちらも有意な値であり，学歴の高い層ほど参加率が高いという順序の一致度が強まっている傾向がみられる。

次に図 3-3 では，世帯年収を 3 カテゴリに分け，収入別にボランティア活動参加率を提示している[39]。1995 年では，収入低位層＜収入中位層＜収入高位層の順に参加率が高くなっている。一方 2010 年では，収入低位層と収入中位層に大きな差はなく，収入高位層の参加率が最も高い。1995 年と 2010 年を比較すると，とくに収入中位層と収入高位層の参加率が低下している。Cramer's V は，1995 年では 0.131***，2010 年では 0.103*** とどちらも有意な値であり，関連の程度はほぼ変わらない。また γ は，1995 年では 0.250***，2010 年では 0.164** とどちらも有意な値であり，収入の高い層ほど参加率が高いという順序の一致度が弱まっている傾向がみられる。

図 3-4 では，従業上の地位別に，ボランティア活動参加率を提示している。1995 年では，経営者・役員の参加率が 43.7％ と突出して高く，自営業主・家

族従業者，無職がつづき，常時雇用者が最も低い。一方2010年では，経営者・役員の参加率が最も高いのは同じだが，その数値は26.6%にとどまり，次に自営業主・家族従業者，常時雇用者がつづき，無職が最も低い。1995年と2010年を比較すると，経営者・役員の参加率が著しく低下し，無職の参加率も比較的大きく低下していることがわかる。Cramer's V は，1995年では0.123***，2010年では0.073†とどちらも有意な値であり，関連の程度は小さくなっている傾向がある。

　以上から，1995年と2010年の間において，学歴はボランティア活動参加との関連が強まっている傾向にあるが，収入と職業は関連が弱まっている傾向にあるといえる。しかし，ここで確認した関連には他の要因によって影響を受けている可能性があるため，さまざまな要因の影響を統制した多変量解析が必要となる。

3.2　多変量解析からみる社会階層とボランティア活動参加の関連

　今回，多変量解析の一手法として，固定効果ロジット・モデルおよびランダム効果ロジット・モデルによる推定をおこなった[40]。

　表3-2が，ボランティア活動参加を被説明変数とした推定結果である。同表に，SSM1995とSSP-I2010両方の分析結果を併記している。表中の係数は，推定によって得られた回帰係数である。係数が正の数であれば，ボランティア活動参加に対し説明変数が正の影響を，負の数であれば負の影響を与えていることを示している。

　表3-2をみると，1995年においては，教育年数，世帯年収，経営者・役員，無職において，有意な正の値となっている。つまり1995年の時点では，高学歴，高収入，管理職，無職の人ほど，ボランティア活動に参加する傾向があったことがわかる。ここでも，先行研究（仁平2008, 2011b; 豊島1998, 2000）と同様に，ボランティア活動参加者における高階層傾向や無職の参加傾向を認めることができる。

　一方，2010年においては，教育年数が有意な正の値，無職は有意な負の値になっているが，世帯年収と経営者・役員に関しては，有意な値にはなってい

表 3-2 固定効果／ランダム効果ロジット・モデルによる推定結果

	SSM1995		SSP-I2010	
	係 数	標準誤差	係 数	標準誤差
女　　性	−0.022	0.162	0.359*	0.157
20　代	−0.319	0.341	−1.109**	0.380
30　代	0.097	0.227	−0.515*	0.208
40　代	0.148	0.154	−0.409*	0.164
50 代（基準）				
既　　婚	0.775**	0.298	0.119	0.213
離・死別	0.149	0.437	−0.163	0.351
未婚（基準）				
6 歳以下の子あり	−0.750**	0.219	−0.474*	0.227
特別区・政令市	−0.256	0.232	−0.375	0.228
その他の市	−0.404*	0.160	−0.155	0.188
郡部（基準）				
教育年数	0.118***	0.033	0.197***	0.036
世帯年収	0.249†	0.130	0.014	0.087
経営者・役員	0.876**	0.261	0.167	0.312
常時雇用者（基準）				
非正規雇用者	0.189	0.242	−0.201	0.200
自営業主・家族従業者	0.255	0.182	0.092	0.224
無　　職	0.463*	0.209	−0.447*	0.215
切　　片			−1.082***	0.278
χ^2 (d.f. = 15)	83.750***		66.040***	
AIC	1427.160		1467.202	

（注）　***$p<.001$, **$p<.01$, *$p<.05$, †$p<.10$. SSM1995 は固定効果ロジット・モデルによる推定結果（回答がすべて 0 または 1 である地域が除外されているため, N〔回答者〕= 1,564。N〔都道府県〕= 46）。SSP-I2010 はランダム効果ロジット・モデルによる推定結果（N〔回答者〕= 1,535。N〔都道府県〕= 46）。

ない。つまり 2010 年の時点では，高学歴の人ほどボランティア活動に参加するという傾向と，無職の人ほど参加しないという傾向のみが成り立っていることになる。

　学歴に関する正の影響は，先ほどの 1995 年と同様の傾向であり，Taniguchi（2010）や仁平（2008, 2011b）の知見とも合致する。他方，無職に関しては，1995 年では正の値であったが，2010 年では負の値になっている。これは，無職ほどボランティア活動に参加する時間が長い（Taniguchi 2010）という知見と

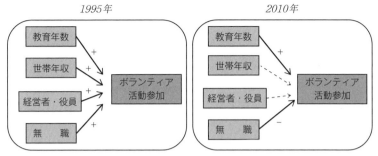

図3-5 社会階層がボランティア活動参加に与える影響

は異なっているので,注意が必要だろう。

また,世帯年収や管理職に関して有意な結果が得られない点については,Taniguchi（2010）や仁平（2011b）の知見と整合性がある。収入については,連続変数ではなくカテゴリ変数（図3-3と同様のカテゴリ）に変換した場合の推定もおこなってみたが,有意な結果にはならなかった。以上から,今回のデータを用いた検証を通じても,収入や職業がボランティア活動参加に与える影響は認められないと結論づけられる。[41]

4 考　察
──資源はボランティア活動への参加を促すのか

本章では,1995年と2010年に実施された2つの全国調査データを用いて,社会階層（社会経済的資源）とボランティア活動参加の関連に注目した分析をおこなった。その結果,第1に,1995年も2010年も変わらずに,高学歴の人ほどボランティア活動に参加する傾向があった。第2に,1995年では高収入や管理職の人ほどボランティア活動に参加する傾向があったが,2010年ではそのような傾向はなかった。第3に,1995年では無職の人はボランティア活動に参加する傾向があったが,2010年では逆に参加しない傾向があった。本章で得られた分析結果を図示したものが,図3-5である。ここでは,実線は有

意な関連を，破線は有意でない関連を表している。

　第1の知見は，「1995年でも2010年でも学歴の高さがボランティア活動参加に影響する」というものであり，学歴差という形でボランティア活動参加者の高階層傾向が持続していることを示している。1990年代にも2000年代にも，高学歴の人ほどボランティア活動に参加しやすいことが認められていたが（仁平2008, 2011b; Taniguchi 2010; 豊島1998, 2000），2010年においても同様の結果が確認された。以上から，参加に対する学歴の影響は，通時的に存在しているといえる。

　補足しておくと，諸外国において教育水準は「ボランティア行動の最も一貫した予測因子」(Wilson 2000: 219) であると認められており，今回の分析結果もこうした知見をさらに根拠づけるものといえよう。教育水準は，ボランティア活動に資するコミュニケーションスキルや組織化する能力 (Brady et al. 1995)，コミュニティの問題に対する市民的関心や知識 (Wilson and Musick 1997b)，参加を依頼される社会的ネットワーク (Wilson and Musick 1999) などの指標であるとも考えられている。教育を十分受けることは，それに伴って多様な人的資本を獲得することにつながる。こうした資本が労働市場で有利に働くように，市民領域でボランティアとして活動する際にも有利に働くと推測される。

　一方で，第2の知見は「高収入や管理職のボランティア活動参加への影響が弱くなっている」というものであり，これはいわば"脱階層化"とも呼べる現象である。ここで重要なのは，これまで参加率の低かった層の参加が盛んになったわけではなく，これまで参加率の高かった層の参加が少なくなったことで，結果的に収入・職業による参加率の差が縮小していたという点である。先ほど示したクロス集計では，1995年と2010年を比べたとき，収入低位層の参加率がほぼ変わらない一方で，収入中位・高位層の参加率が低下していることが確認された（図3-3）。また，経営者・役員の参加率が17.1％も低下し，他の職業との差が縮小していることも確認された（図3-4）。このような高階層の"撤退"とも呼ぶべき参加率の低下が，収入や職業によるボランティア活動参加への影響を弱めたと考えられるのである。

　第3の知見は「これまでボランティア活動に参加する傾向にあった無職層が，近年では参加しない傾向にある」というものであり，これは第2の知見で示さ

れた，中流以上の層や管理職層の参加が少なくなっているという動向と軌を一にする。本章で用いたデータの無職の内訳をみると，1995年では既婚女性（多くは専業主婦と推測される）が89.3%であり，男性が6.3%であった。一方2010年では，既婚女性が77.6%であり，男性が15.7%であった。いずれも既婚女性が大多数であり，彼女たちの参加割合が低くなったことが，無職の参加傾向の弱まりにいくらか影響していると推測される。また他方で，2010年の方が無職のなかの男性割合が高くなっており，こうした男性のほとんどが参加していない傾向も注目される。1990年代後半以降に長期化した不況のなかで，無職というカテゴリ内における失業者の割合が増加し，こうした無職の内訳の変化によって無職の参加傾向が弱まった可能性が指摘できる。この解釈が正しければ，ボランティア活動は市場領域における社会経済的状況と独立して存在するわけではなく，市民領域が市場領域のありように左右されうることを指摘せざるをえない。

本章では，社会経済的資源が，フォーマルなボランティア行動であるボランティア活動参加に与える影響を検討してきた。その結果，たしかに高学歴の人びとの参加傾向は一貫して認められたものの，近年では，収入が高いことや管理職であることはボランティア活動参加に結びつかなくなってきていることが明らかになった。このことは，「社会的に恵まれた富裕層ほどボランティアになる」わけではないという，通説とは異なる傾向を示唆していた。だからといって，これまで参加しにくかった人びとが参加するようになったというわけではなく，むしろ相対的にみて生活にゆとりのある層の参加が少なくなっているために"脱階層化"が引き起こされている。この事実は，必ずしも歓迎される状況ではないだろう。この変化が日本社会に突きつけている含意を，私たちは慎重に読み取っていく必要がある。

注

35　2時点のデータにより，阪神・淡路大震災の後から東日本大震災の前までの期間を捉えられる。ただし正確には，SSP-I2010のデータ回収は2011年4月までおこなわれた（3月11日以後の回収分：1535人中132人〔8.6%〕）。3月11日ま

での回収分とそれ以後の回収分で市民活動の参加割合に差がなかったため，全ケースを分析に使用した。

36 SSM1995の項目では，「消費者運動」も含まれている。市民運動を含むと考えられる「社会参加活動」の参加率は，1996年時点で4.9％である（総務省統計局1997）。よって，市民運動参加者が参加層に含まれていても非常に少数であるため，市民運動の独自の特性が分析結果に与える影響は小さいと考える。また，SSP-I2010の項目では「NPO・NGO活動」も含まれている。これによって，NPO法人などの有給職員も参加層に含まれる可能性がある。この点に議論の余地があると認識しつつも，有給職員も社会性，非営利性のある活動に参加しているとみなせる点から，彼らが参加層に含まれることは許容されうると考える。

37 個人レベルの変数の記述統計のみ掲載（都道府県に関する記述統計は省略）。

38 SSM1995では旧制尋常小学校（6年），中学校（9年）を「初等学歴層」，高校（12年）を「中等学歴層」，短大・高専（14年），大学（16年），大学院（18年）を「高等学歴層」とした。SSP-I2010では中学校（9年）を「初等学歴層」，高校（12年）を「中等学歴層」，専門学校（13年），短大・高専（14年），大学（16年），大学院修士課程（18年），大学院博士課程（21年）を「高等学歴層」とした。

39 SSM1995では世帯年収500万円以下を「収入低位層」，600万円以上800万円未満を「収入中位層」，900万円以上を「収入高位層」とした。SSP-I2010では世帯年収400万円未満を「収入低位層」，400万円以上750万円未満を「収入中位層」，750万円以上を「収入高位層」とした。これらは各カテゴリの割合が約3割になるように分類された。

40 今回の分析では，都道府県を統制変数として扱っている。これは，社会階層による影響をより正確に捉えるために，地域による平均的な傾向をコントロールするためである。この都道府県という統制変数を個人レベルではなくクラスター（集団）レベルの変数として設定するため，本章では固定効果モデルまたはランダム効果モデルを推定法として採用した。

　これら2つのモデルは，固定効果モデルがクラスターの効果を確定的な要因とみなすもの，ランダム効果モデルがクラスターの効果を確率的な要因とみなすもの，と区別される。換言すると，固定効果モデルでは，クラスターレベルの誤差をすべて除去するため，説明変数とクラスターレベルの誤差の相関を取り除いてバイアスの小さな推定ができる。一方，ランダム効果モデルでは，説明変数とクラスターレベルの誤差の相関を調整して推定することができる（筒井2011: 311-12）。どちらのモデルを選択するかは，「ランダム効果モデルが望ましい」という

帰無仮説を判定する，ハウスマン検定によって決定された。SSM1995を用いた分析では，ハウスマン検定の結果，帰無仮説が棄却されたため，固定効果モデルが採用された。またSSP-I2010を用いた分析では，帰無仮説が棄却されなかったため，ランダム効果モデルが採用された。

　分析はソフトウェアStata（ver.12）によっておこなわれた。Stataを用いた固定効果モデル，変量効果モデルの推定法については，筒井ほか（2011）が詳しい。

41　その他の統制変数の結果についても触れておこう。1995年と2010年の結果における顕著な違いは，2010年において女性，高齢の効果が生じるようになっているという点である。ここには，この15年間において女性や50代以上の人びとが活躍できる市民領域の場が広がってきたことを反映している可能性が考えられる。

第4章

富裕層ほど「ボランティアになる」のか？
II 援助行為

はじめに

　第3章では，ボランティア活動参加に対し，収入や職業といった社会階層の影響は近年ほどみられなくなっていることが明らかになった。それでは，フォーマルな領域ではなく，インフォーマルな領域におけるボランティア行動と社会経済的資源については，どういった関係がみられるのだろうか。
　第4章では，社会経済的資源が，インフォーマルなボランティア行動としての援助行為に与える影響を検討する。前章とはまた異なる観点から，本当に社会的に恵まれた富裕層ほどボランティアになるのかを確かめていこう。

1　「Kパターン」のゆくえを追う

1.1　ボランティア行動の2類型

　ボランティア行動は，大きく2種類に分けられる。1つはフォーマルな領域でおこなわれるボランティア行動（前章で取り扱った「ボランティア活動参加」）であり，もう1つはインフォーマルな領域でおこなわれるボランティア行動である。
　このように，ボランティア行動を2類型に分ける視点は従来から存在していた。たとえばW. H. ベバリッジは，ボランティア行動には"philanthropy"（博愛主義）と"mutual aid"（相互扶助）の2つの原理があるという見方を提示している（Beveridge 1948; 森定 1997）。小林良二も，"charity"と"mutual aid"という語を用いて，2つの側面を分けて論じている（日本地域福祉学会地域福祉史研究会編 1993）。計量的なボランティア研究でよく用いられる"formal volunteering"と"informal helping/volunteering"という区分も，これらと類似した2類型である（Cnaan et al. 1996; Musick and Wilson 2007; Wilson 2000; Wilson and Musick 1997a）。具体的には，formal volunteeringは，主に組織を通じて，見知らぬ他者の利益となる公共財を豊かにするために実施される活動を意味する。一方，informal volunteeringは，多くは組織化されず個人でおこなうものであり，家

族以外の隣人や友人に対するプライベートな手助けを意味する（Wilson and Musick 1997a: 700）。

　日本では，ボランティア活動前史として，近代以前から地域での相互扶助がおこなわれていた（朝倉・石川 2007）。鎌倉時代に誕生した「惣」「結」「もやい」「講」などの互助組織を源流とする，地縁に基づく相互扶助が，mutual aid や informal volunteering にあたる部分であると考えられる。他方，ボランティア活動は，欧米社会からもたらされたものであり，近代の慈善事業やセツルメント運動のなかにその源流が見出せる。「ボランティア」という語は，戦後制定された日本国憲法のもと民主主義思想が浸透しつつあるなかで，戦後とくに 1970 年代以降に一般の人びとにも普及したといわれている（筒井 1997）。こんにちの「ボランティア活動」に至るまでには，「慈善」の語から「奉仕」の語が，「奉仕」の語から「ボランティア」の語が分出・誕生する過程がある（仁平 2011a）。つまり，私たちが日常的に用いている「ボランティア活動」とは philanthropy や charity にあたる部分に等置されていったものだと考えられるのである。

　こうした経緯からわかるように，日本でもボランティア活動以前から，地縁に基づく相互扶助という形でのインフォーマルなボランティア行動が存在していた。本章では，こちらのインフォーマルなボランティア行動に着目していきたい。

1.2　階層的二相性（K パターン）論の検証へ

　これまで日本の研究では，前章で紹介したように，高階層の人ほどボランティア活動に参加しやすいことが示されてきた（平岡 1986; 岩間 2011; 三上 1991; 中井・赤池 2000; 仁平 2003, 2008, 2011b; Taniguchi 2010; 豊島 1998, 2000）。一方で，「ボランティア」とは呼ばれない援助行為について，社会階層との関連の点において特異な現象がみられることが報告されている。それが，「階層的二相性（K パターン）論」（鈴木 1987, 2001）である。

　鈴木広は，「ボランティア」とは呼ばれない援助行為に注目し，その担い手の階層的布置を捉えようとした。1980 年代はまだ，人びとの間に「ボランテ

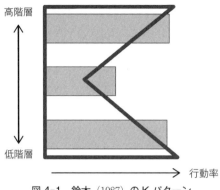

図 4-1　鈴木 (1987) の K パターン

ィア」という語が十分に浸透しておらず新奇な印象を与えるものであった。そのため，実際に存在する援助行為の営みをより正確に把握するために，あえて他の言葉で表現しようとしたのである。具体的には，「ひとり暮しの老人や身体の不自由な人など，手助けを必要とする人たちのお世話を，あるていど続けて，すること（職業以外に）」（鈴木 1987: 17）というワーディングで社会調査をおこない，どの社会階層の人びとが担い手になっているかを調べた。

　その結果，上記のように定義された行為の割合は階層的上位層と下位層で高く，中位層で低くなることが明らかになった。図 4-1 に示したように，そのグラフがまるでアルファベットの "K" に見えることから，この傾向は「K パターン」と名づけられている。鈴木はこの K パターンを，階層上位性に傾斜したカタカナにふさわしい開明性をもつ「ボランティア活動部分」（V パターン）と，階層下位性に傾斜した伝統的・自然発生的な「相互扶助的行為部分」（Λパターン）とが合成された複合パターンであると解釈した。「ボランティア」という語を使わないことで，フォーマルなボランティア行動とインフォーマルなボランティア行動の両方の特質を浮かび上がらせたところに，この知見の面白さがある。

　この階層的二相性論の追試として，「ボランティア」という語を用いない質問項目で K パターンがみられるかを検討した代表的な研究が，稲月 (1994) と仁平 (2003) である。

稲月（1994）は，福岡県内に住む20歳以上の男女1500人に対する1989年の調査データを用いて，学歴・収入と福祉活動の関連を検討した。この調査では，「社会福祉施設での活動」「在宅老人の訪問・相談・介護」（稲月1994: 335）といった8種類の活動が分析対象となっている。分析の結果，活動の継続性に関して学歴別・収入別にKパターンが出現することが確認されており，階層的二相性論を支持している。一方，仁平（2003）は，1981年と1986年の「社会生活基本調査」のデータを用いて，収入と社会奉仕活動への参加の関連について検討した。分析の結果，おおむね上位階層の方が参加率は高く，Kパターンはみられないことが確認されており，階層的二相性論を支持する結果は得られなかった。[42]

　鈴木の階層的二相性論は，社会階層と「ボランティア」とは呼ばれない援助行為の関連を示した重要な知見として知られているが，代表的な追試は上記の2つほどしかなく，十分に検討されているとはいいがたい。また，そもそも階層的二層性論自体が，現代社会における援助行為の担い手を説明する理論として，今でも有力といえるものなのかは定かではない。鈴木が用いたデータは，1981年の福岡県民意識調査によるものだが，30年前と現在とでは，「ボランティア」をめぐる社会状況や，要援助者のケアをめぐる制度体制は異なっている。時間の経過とともに，Kパターンの構造に変容が生じている可能性がある。また，鈴木の調査データは福岡県に限定されたものであり，どの程度の代表性があると考えてよいかという懸念がある。階層的二相性論が現代日本人の援助行為にもあてはまるのかは，全国調査データを用いた再検証が必要だろう。

　そこで本章では，2010年代におこなわれた全国調査データを用いて，1980年代に見出された階層的二相性（Kパターン）が現在においても認められるのかを検討する。

　本章の分析が，稲月（1994）や仁平（2003）とは異なっている特色は以下の2つである。第1に，多変量解析によってKパターンがみられるのかを確かめる点である。階層的二相性論は，シンプルなクロス表（行に社会階層，列に援助行為率）によって検証可能である。しかし統計学的観点からいえば，2変数のみの関連を捉えただけでは「見せかけの関係」が存在する可能性を否定できない。よって，他の要因を統制した多変量解析によって，Kパターンの再検証

をおこなう。

　第2に，Kパターンのうち「相互扶助的行為部分」と社会階層の関連にとくに注目する点である。前章で示したように，「ボランティア活動部分」と社会階層の関連については，すでに詳細に検討した。一方，インフォーマルなボランティア行動である「相互扶助的行為部分」と社会階層の関係についてはこれまでほとんど調べられていない。よって，鈴木が解釈したように本当に低階層の人びとが相互扶助的行為を担っているのか（すなわち，Λパターンがみられるのか）を検証する。

2　データと変数

2.1　データ

　分析に用いるのは，2010年1月に実施された「格差と社会意識についての全国調査（郵送）」のデータ（SSP-P2010）である。委託調査会社のマスターサンプルにより抽出された，全国に居住する20～59歳の男女が対象となっている[43]。サンプルサイズは2500人であり，有効回収数は1385人（回収率55.4%）であった。

2.2　変　　数

　被説明変数となる「ボランティア」とはいわない援助行為の指標として，「高齢者とかかわること（家族以外の人に対する介助，日常のお世話，話し相手など）」という質問項目を用いた。この項目と鈴木（1987）が用いた項目のワーディングの相違点については，あらかじめ留意が必要だろう。
　第1に，鈴木の定義では，行為の対象が「ひとり暮しの老人や身体の不自由な人など，手助けを必要とする人たち」となっているが，今回の項目では「高齢者」となっている。手助けを必要とする人と高齢者は完全に重なり合わない

が，2010年時点で高齢化率が23.0％（総務省統計局2011）という状況で，手助けを必要とする人のなかに高齢者が多く含まれると想定しても差し支えないように思われる。[44] また，あえて高齢者に絞ることで，援助行為の内容がより明確になるという利点もある。とはいえ考察の際には，高齢者のみが対象となっていることをある程度考慮する必要はある。

　第2に，鈴木の定義にはない「家族以外の人に対する」という言葉が，今回の項目には含まれている。三隅（1997）が指摘するとおり，鈴木の定義は家庭内での介護・支援までゆるめることによって，低階層にも高い行為率が見出された可能性がある。家族に対しては親密性を基礎として，あるいは義務としてケアがなされると推測されるため，これをボランタリーな援助行為とみなすことは難しいと考えられる。よって今回は，家庭内ケアを除外するワーディングによって，家族以外の人に対するよりボランタリーな援助行為を分析対象とする。

　第3に，鈴木の定義には，「職業以外に」という部分が含まれているが，今回の項目では職業に制約が加えられていない。鈴木は，当該行為に一定程度の自発性と無償性を重視するため，この条件を加えている。しかし今回の項目にはこの条件が含まれていないため，とくに介護・福祉職，医療職などケア専門職の人が仕事として「している」と回答する可能性がある。よって職業に制約を加えていない質問項目の欠陥を補うために，ケア専門職をデータから除外するという処理で対応することにする。[45] なお，ケア専門職を除外し，かつすべての質問項目に回答したケースは1236人であった。以降では，この1236人に限定して分析結果を示していく。

　以上の相違点はあるが，本章で用いる項目は「ボランティア」という語を用いていないため，鈴木が捉えようとした援助行為に類似した概念を対象にできると考える（以下，被説明変数を単に「援助行為」と表記する）。援助行為の度数分布（回答割合）は，「1：したことがない」が361人（29.2％），「2：めったにしない」が458人（37.1％），「3：ときどきしている」が291人（23.5％），「4：よくしている」が81人（6.6％），「5：いつもしている」が45人（3.6％）であった。「いつも／よく／ときどきしている」は，計417人（33.7％）であり，ほぼ3人に1人が，ある程度は援助行為をおこなっているということになる。

説明変数は，以下である。社会階層（社会経済的資源）変数として，学歴，世帯年収，職業を，統制変数として，性別，年齢，市郡規模，居住年数を用いた。また，被説明変数である援助行為の内実をより理解するための統制変数として，ボランティア・NPO活動も用いることにする。これを，援助行為を被説明変数とした回帰分析において統制変数とすることで，「ボランティア活動部分」を除いた援助行為，すなわち「相互扶助的行為部分」と考えられる援助行為に注目することができる。それによって，本章で着眼する第2のポイントの「相互扶助的行為部分」と社会階層の関連に迫ることができると考えられる。
　表4-1が，分析に用いる変数の記述統計をまとめたものである。

3　分析結果

3.1　クロス集計からみる社会階層と援助行為の関連

　まず，社会階層と援助行為の関連についてクロス集計を確認する。図4-2は学歴ごとに，図4-3は世帯年収ごとに援助行為の頻度を示したものである（「したことがない」「めったにしない」については非表示）。図中のグラフ右側の数値は，「いつも／よく／ときどきしている」（以下，「している」）の累積割合である。
　はじめに図4-2をみると，非線形の形状となっており，大学・大学院卒＜中学・高校卒＜短大・高専卒の順に「している」割合が大きくなっている。元のクロス表においてカイ二乗検定をおこなったところ，χ^2 (d.f.=8) = 18.53 （$p<0.05$）と有意な関連が確認された。また，援助行為を連続変数，学歴を教育年数になおし連続変数として相関係数（−1から1の値をとる）を算出したところ，Pearson's r = −0.04（$p<0.10$）と弱い負の相関関係が確認された。
　次に図4-3をみると，低収入層ほど「している」割合が大きくなっている。一見すると，Kパターンというよりも Λパターンを描いているようにみえる。検定では，χ^2 (d.f.=8) = 5.83（n.s.）と有意な関連は確認されなかった。しかし，

表 4-1 変数の記述統計

変数	詳細	範囲	平均	標準偏差
援助行為	「あなたはつぎにあげることをどの程度していますか」：「高齢者とかかわること（家族以外の人に対する介助，日常のお世話，話し相手など）」→ 1：したことがない，2：めったにしない，3：ときどきしている，4：よくしている，5：いつもしている	1-5	2.18	1.04
性　別	0：男性，1：女性	0-1	0.51	0.50
年　齢	20　代	0-1	0.14	0.35
	30　代	0-1	0.26	0.44
	40　代	0-1	0.26	0.44
	50　代	0-1	0.34	0.47
市郡規模	特別区・政令市	0-1	0.28	0.45
	その他の市	0-1	0.62	0.48
	郡　部	0-1	0.10	0.30
居住年数	現在の地域（自宅周辺）の居住年数	0-60	22.00	14.70
学　歴	中学・高校卒	0-1	0.48	0.50
	短大・高専卒	0-1	0.18	0.38
	大学・大学院卒	0-1	0.34	0.47
世帯年収	450万円未満	0-1	0.29	0.46
	450万円以上850万円未満	0-1	0.35	0.48
	850万円以上	0-1	0.36	0.48
職　業	専門・管理職	0-1	0.16	0.37
	事務・販売職	0-1	0.35	0.48
	熟練職	0-1	0.24	0.43
	農林・無職	0-1	0.25	0.42
ボランティア・NPO活動	「あなたはつぎにあげることをどの程度していますか」：「ボランティア・NPO・NGO活動」→ 1：したことがない，2：めったにしない，3：ときどきしている，4：よくしている，5：いつもしている	1-5	1.90	1.01

（注）　$N=1,236$。

援助行為を 5 点尺度の連続変数，世帯年収を実数の連続変数として，相関係数を算出すると，$r=-0.04$ ($p<0.10$) と弱い負の相関関係が確認された。

以上から，明瞭な傾向とはいえないが，学歴，世帯年収どちらにおいても，援助行為との間に負の関連があることが示された。つまり，低学歴，低収入の人ほど，援助行為をおこないやすいことが見てとれる。K パターンは出現せず，むしろ下層一層性とでも呼ぶべき Λ パターンがかすかに表れているといえよう。

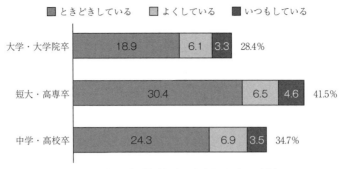

図 4-2　学歴別の援助行為の頻度およびその割合

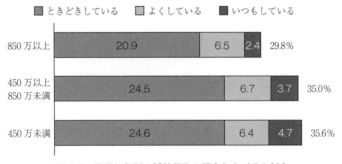

図 4-3　世帯年収別の援助行為の頻度およびその割合

3.2　多変量解析からみる社会階層と援助行為の関連

　では，上記でみられた関連は，各説明変数の効果を統制した場合にも確認できるだろうか。多変量解析によってKパターンがみられるか，それともΛパターンがみられるかを確認するため，他の要因の影響をコントロールしたロジット・モデルによる推定をおこなった。ここでは，前章のボランティア活動参加の分析と同様に，被説明変数を2値変数にしてある。図4-2，図4-3で示された「いつも／よく／ときどきしている」層を1，「めったにしない／したことがない」層を0とリコードしたのである。
　表4-2が，二項ロジット・モデルによる推定結果である。表中のBは推定

3　分析結果　　93

表4-2　二項ロジット・モデルによる推定結果

	モデル1		モデル2	
	B	$\mathrm{Exp}(B)$	B	$\mathrm{Exp}(B)$
女　　性	0.443**	1.557	0.401**	1.494
20　代	-0.007	0.993	0.199	1.221
30　代	-0.233	0.793	-0.033	0.968
40　代	-0.424*	0.655	-0.465*	0.628
50代（基準）				
特別区・政令市	-0.073	0.930	0.189	1.208
その他の市	-0.159	0.853	0.040	1.040
郡部（基準）				
居住年数	0.014**	1.014	0.012*	1.012
中学・高校卒	0.300†	1.350	0.637***	1.890
短大・高専卒	0.435*	1.545	0.726***	2.067
大学・大学院卒（基準）				
450万円未満	0.401*	1.493	0.614**	1.848
450万円以上850万円未満	0.361*	1.434	0.573***	1.773
850万円以上（基準）				
専門・管理職	0.538**	1.713	0.400†	1.492
事務・販売職	0.080	1.083	0.095	1.099
熟練職	-0.225	0.798	-0.172	0.842
農林・無職（基準）				
ボランティア・NPO活動			0.848***	2.334
切　　片	-1.401***	0.246	-3.761***	0.023
χ^2	58.088***	(d.f.=14)	217.123***	(d.f.=15)
-2 Log Likelihood	1522.215		1363.180	
Nagelkerke R^2	0.064		0.223	

（注）　$N=1,236$。***$p<.001$，**$p<.01$，*$p<.05$，†$p<.10$。

された回帰係数を示す。Exp(B) は，回帰係数の指数（オッズ比）を表し，説明変数が1単位増加するに伴って生じるオッズの変化量（オッズが何倍になるか）を意味している。

　まず，モデル1の結果をみよう。学歴では，中学・高校卒と短大・高専卒が有意な正の値になっている。オッズ比からは，大学・大学院卒層に比べて中学・高校卒層は1.350倍，短大・高専卒層は1.545倍，援助行為をおこないやすいことがわかる。世帯年収では，450万円未満，450万円以上850万円未満で有意な正の値になっている。オッズ比からは，850万円以上の層に比べて

450万円未満の層は1.493倍，450万円以上850万円未満の層は1.434倍，援助行為をおこないやすいことがわかる。よって，学歴，世帯年収の両方でKパターンは出現しておらず，むしろΛパターンがあらわれているといえる。ただし，学歴については短大・高専卒が最も行為しやすいという結果なので，ゆるやかなΛパターンといえよう。

職業に関しては，専門・管理職に有意な影響が確認された。今回のデータではケア専門職の人を除いているが，それ以外の職業（とくに専門職）の人も，仕事のなかで援助行為をおこなっている可能性がある。また，彼らが仕事以外で援助行為をおこなっているということも考えられる。どちらの可能性もあるため，専門・管理職の効果をもってVパターンが表われていると断定するのは留保しておくことにする。

次に，モデル2の結果をみよう。このモデルは，モデル1に「ボランティア・NPO活動」を投入したものである。こうすることで操作的に，援助行為のなかに含まれるフォーマルな「ボランティア活動部分」を取り除き，インフォーマルな「相互扶助的行為部分」と考えられる援助行為を抽出することができる。[47]

結果をみると，大学・大学院卒層に比べて中学・高校卒層は1.890倍，短大・高専卒層は2.067倍，（ボランティア・NPO活動では説明されない）援助行為をおこないやすいことがわかる。また，世帯年収は850万円以上の層に比べて450万円未満の層は1.848倍，450万円以上850万円未満の層は1.773倍，（ボランティア・NPO活動では説明されない）援助行為をおこないやすいことがわかる。注目すべきは，いずれもモデル1より係数の値が大きくなっており，モデル1のΛパターンがより如実に表れている点である。「ボランティア活動部分」が取り除かれたために，「相互扶助的行為部分」の低階層傾向がより顕在化したといえる。

なお，モデル2から統制変数の結果も確認しておくと，女性と居住年数に正の値が，40代に負の値が認められる。ここから，女性や居住年数の長い人，そして（40代と比べて）50代の人ほど，（ボランティア・NPO活動では説明されない）援助行為をおこないやすいことがわかる。

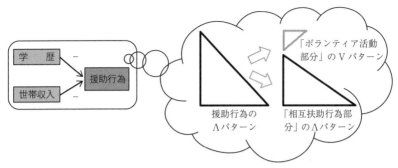

図 4-4　社会階層が援助行為に与える影響（Λパターン）

4　考　察
──資源は援助行為を促すのか

　本章では，2010年に実施された全国調査データを用いて，社会階層（社会経済的資源）と「ボランティア」とはいわない援助行為の関連を検討した。その結果，第1に，「ボランティア」といわない援助行為にはΛパターン（下層─相性）の傾向がみられること，第2に，「相互扶助的行為部分」と考えられる援助行為は，より低階層の人びとによって担われていることが明らかになった。本章で得られた分析結果を図示したものが，**図4-4**である。

　まず第1の点から，鈴木（1987）とは異なり，最近の全国調査データではKパターンではなくむしろΛパターンが現れていることがわかった。この結果への解釈としては，「ボランティア」という語を使わないことによって，日常の相互扶助的な営みの実態が，回答に反映されたためと考えられる。すでに鈴木自身によっても「Λパターン部分の日常的援助活動の大部分は，もし『それはボランティア活動ですか』と尋ねたならば，『いや，ちがいます』と答えるか，さもなければ『さあ，どんなもんでしょうか，ようわかりませんが……』と答えたのではないか」（鈴木 2001: 290）と推理されているように，日常の相互扶助は「ボランティア」とはみなされにくいものである。本章の分析で用いた

「高齢者とかかわること」という項目は,あえて「ボランティア」とは呼ばれないインフォーマルな領域での手助け行為をイメージさせ,回答者がためらいなく肯定回答をするよう促したのだと考えられる。そのうえでΛパターンの部分のみ見出されたということは,低階層の人びとほど援助する傾向しかみられないということを意味する。Vパターンの部分,つまり高階層の人びとによるphilanthropyやcharityと考えられる部分が,今回のデータでは十分に確認できないのである。このことは,もはや「高齢者とかかわること」という行為にフォーマルな性質は含まれず,本章で取り扱った「ボランティア」とは呼ばれない援助行為それ自体が,インフォーマルな相互扶助的性質を帯びているということを示している。

　ではなぜ,鈴木(1987)では確認されていたVパターンの部分が今回は見出されなかったのだろうか。ここには,この数十年の間に進んだ高齢者ケアの専門職化と,ボランティア活動の多様化が影響しているのではないかと推測される。1980年代のボランティア活動というと,典型的なものが社会福祉領域の活動であり,平岡(1986)などで指摘されているように高階層の人びとがそれを担っていた。しかし,その後ゴールドプラン(1989年)や介護保険制度(2000年)といったいわゆる「介護の社会化」を目指す施策が打ち出され,専門職による高齢者ケアの体制が整えられていった。並行して,ボランティア活動自体の領域も拡大し,教育や国際交流など,ボランティアとして活躍できる場も多様に用意されるようになったため,高階層の人びとはあえてボランティア活動の場を高齢者ケアに求めなくなった可能性もある。こうして高齢者へのケアを高階層の人びとが担う要請が低まった結果,Vパターンがみられなくなったと考えられる。

　一方,第2の点からは,低階層の人びとによって相互扶助が営まれているという鈴木(1987)の指摘が,現代の日本社会においてもあてはまっていることが示唆された。今回の分析では「ボランティア・NPO活動」変数をコントロールして「相互扶助的行為部分」と考えられる援助行為を抽出した際,Λパターンがより先鋭化するという結果が得られた。こうした結果が得られたのは,図4-4に示したように,「ボランティア・NPO活動」が若干の高階層傾向をもつゆえに,その影響を取り除くことで純粋な低階層傾向が析出されたためと考

えられる。今回の結果から，下位階層の人びとにとっては，日常の手助け行為は「ボランティア・NPO活動」という言葉で表現されない類のものであるということが明瞭になったといえよう。

また「相互扶助的行為部分」の主体像に関して，階層以外の要因にも目を向けると，女性，50代，地域居住年数にも有意な結果が確認された。つまり，女性であることや自らも年を重ねていること，地域に根づいて暮らしていることが，高齢者へのかかわりを増す要件になりやすいということである。現代日本における高齢者へのボランタリーな手助け行為は，ジェンダーや当事者性，土着性，そして低階層性に支えられて成り立っているといえる。[48]

本章では，「ボランティア」とは呼ばれない援助行為に注目することによって，社会経済的資源が少ない人ほどインフォーマルなボランティア行動の主体になりやすいことが実証された。[49]第3章と第4章をとおして「富裕層ほどボランティアになるのか」を問うてきたが，本章でも前章の結果と同様に，必ずしも社会経済的資源が豊富でなくてもボランティアになれる，と結論づけられる。むしろ，社会経済的資源が十分でないゆえに，身近な人と互いに気遣い合いながら"お互いさま"の関係性のなかで生きている人びとの姿を，本章で見出されたΛパターンは映し出しているように思われる。

地域社会の崩壊が叫ばれるこんにち，こうした相互扶助の営みは廃れていくのだろうか。それとも，自助や公助の穴を埋めるものとしてより重要性を増し，自然発生的に復活していくのだろうか。ますます高齢化と個人化が進む日本社会におけるΛパターンの行く末を，私たちは注視していくことが必要である。

注

42　しかし，ここで捉えられた「社会奉仕」は鈴木が考える援助行為の概念と一致するものとはいえない。「社会奉仕」は開明性をもつ「ボランティア活動部分」と重なり合う概念と考えられるため，高階層ほど参加率が高いという結果が得られたのではないかと推測される。

43　サンプリングは，全国12ブロック（北海道，東北，関東，京浜，甲信越，北陸，東海，近畿，阪神，中国，四国，九州）を市郡規模（特別区・政令市，その他の

市，郡部）で層化し，20～59歳の性別構成に即して，2500の標本を比例配分している。各地域に比例配分された標本数に基づき，対象者をマスターサンプルから無作為に抽出している。また，今回の対象者に60歳以上は含まれていないが，これは本調査が今後の社会の動向を捉えるという趣旨で設計されたことによる。

44　当然，高齢者は常に被援助側に立つわけではない。田中（1994）や金子（1997）のように，超高齢社会を活性化する積極的主体として高齢者を位置づける議論も多くある。

45　全サンプル1385人のうち，介護・福祉職（介護士，ヘルパーなど）は40人（2.9%），医療職（看護師，医師，その他医療従事者など）は26人（1.9%）含まれていた。

46　ロジット（logit）とは，オッズの自然対数のことである。高齢者に対する援助行為率の確率を p，そのロジットを logit（p）とし，これを被説明変数としたロジスティック回帰式によって推定がおこなわれている。被説明変数が2値の場合，通常の線形で回帰させると，被説明変数の上限値や下限値を超えてしまうなど，うまく推測できない場合がある。そのため，上限と下限がないロジットの性質を利用したロジスティック回帰式が用いられる（太郎丸2005）。

47　鈴木（1987）では，VパターンとΛパターンの出現という結果に対して，「ボランティア活動部分」と「相互扶助的行為部分」という解釈をあてはめている。それに対して本章では，「ボランティア・NPO活動」変数の効果の統制という手続きによって，「援助行為」から「ボランティア活動部分」を取り除いたときにΛパターンが出現するのかを確認しており，手順は異なっている。ここで，「ボランティア・NPO活動」で説明される分散を取り除いた援助行為の分散が，「相互扶助的行為部分」の分散を表すかは定かではない。そのため本文では，「『相互扶助的行為部分』と考えられる援助行為」と慎重な記述をおこなっている。だが，モデル2では低階層効果が確認されていることから，「相互扶助的行為部分」と捉えても問題ないと考える。

48　従来から，日本の福祉活動は圧倒的に女性が担っていることが指摘されていた（安立1998）。また，あらゆる国・社会で，ジェンダーと対人ケアは密接に結びついていることも言及されている（Kittay 1999; Wilson 2000）。こうしたケアとジェンダーをめぐる状況に現在も変わりはないことを本章の結果は示している。

49　本章では，「ボランティア」という言葉を使わない援助行為に注目することでΛパターンが顕在化された。実態の切り取り方，すなわち社会調査の技法によって，先行研究では見出されなかった潜在的事実が浮かび上がったといえる。本章の知見は，質問紙調査においてワーディングが分析結果を十分に左右しうることを例

示するものといえよう。ワーディングにカタカナを含めるか，行為概念を正確に捉えるためにどのような条件を加えるかは，質問項目の作成の際に慎重に判断する必要がある。

　一方，本章には残された課題もある。今回，Λパターンの傾向が見出されたのは，援助対象が高齢者であったことに起因している可能性がある。障がい者や子どもなど，他の要援助者を含めたときにも，今回と同様の傾向が見出されるかは今後検討される必要がある。また本章の質問項目では，要援助者との「かかわり」の程度については詳細に捉えられていない。介護・介助のように身体的負担の大きい実践的サポートなのか，話し相手のように気軽にできる情緒的サポートなのか区別できていないため，これらのサポートの種類別に改めて担い手の傾向を検討することが課題である。

第5章

どんな資源や心をもつ人が
「ボランティアになる」のか？

はじめに

　第3章と第4章では，ボランティア活動参加と援助行為に対し，社会経済的資源が与える影響を検討した。この2つの章によって，必ずしも社会経済的資源の豊富さがボランティアになることに結びつかないことが示された。それでは，資源だけでなく心理的な要因の影響も捉えたとしたら，どんな人ほどボランティアになりやすいといえるのだろうか。

　そこで第5章では，社会経済的資源と主観的性質が，ボランティア行動（ボランティア活動参加と援助行為）に与える影響を検討する。ここでは主観的性質として，共感性と宗教的態度に注目する。

1 ボランティアに必要なのは資源か？ 心か？

1.1 越境される社会学と心理学——領域横断的な研究の課題

　「誰がなぜ，ボランティアになるのか」——この問いに対して，社会学者は主に社会経済的資源の影響に，心理学者は主観的性質の影響に着目してきた。これまで，各分野は個別にその研究を発展させてきたが，近年では社会学と心理学の視点を統合し，客観要因（社会経済的資源）と主観要因（主観的性質）の影響を同時考慮する領域横断的な研究が登場している（Bekkers 2005, 2006, 2010; Einolf 2008）。これらは，「ボランティアになることを可能にする社会経済的資源をもっているからボランティアになる」のか，あるいは，「ボランティアに適するパーソナリティや態度，価値観をもっているからボランティアになる」のかを区別し，どちらの要因がより影響力が高いかを見極められるという点で，それまでの研究を進展させるものである。

　近年登場している領域横断的なボランティア研究の欠点を1つ挙げるとすれば，それは，ボランティア行動のフォーマル／インフォーマル性を考慮していないという点である。それぞれに対応する第3章で扱った「ボランティア活動参加」と第4章で扱った「援助行為」では，規定要因が異なっていたのだった。

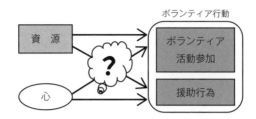

図 5-1 資源と心とボランティア行動の連関イメージ

このことから，両者を区別してその担い手像を捉えるべきである。

また先行研究でも，教育水準などの社会経済的資源は，インフォーマルなボランティア行動よりもフォーマルなボランティア行動とより強く関連することが示されている（Inouye 2007; Omoto and Snyder 2002; Wilson and Musick 1997a）。別の研究は，共感性や宗教的態度といった主観的性質は，フォーマルなボランティア行動よりもインフォーマルなボランティア行動とより関連することを確認している（Van Tienen et al. 2011; Wilhelm and Bekkers 2010）。これらの研究は，社会経済的資源と主観的性質はそれぞれ，フォーマルなボランティア行動とインフォーマルなボランティア行動に対し，別様に働きうるということを示唆している。

しかしながらこれまでの研究では，社会経済的資源と主観的性質の両方を同一の分析枠組みに含めた検討がなされていないため，資源と心，そしてフォーマル／インフォーマルなボランティア行動の入り組んだ連関関係については，はっきりとわかっていない（図 5-1）。

そこで本章では，社会経済的資源と主観的性質を同時に考慮した分析枠組みを用いて，これらがフォーマルなボランティア行動（ボランティア活動参加）とインフォーマルなボランティア行動（援助行為）に対して与える影響を検討する。

1.2 資源→フォーマル？／心→インフォーマル？

分析をおこなう前に，ここでは先行研究から仮説を整理してみたい。

社会経済的資源について　社会経済的資源については，第3章において，近年では教育水準のみがボランティア活動参加に影響を与えるということが示された。また第4章では，低学歴・低収入であるほど，援助行為をおこないやすいことも示された。これらの結果から，資源（とくに学歴）がある人は，とくにフォーマルなボランティア行動の担い手になりやすいと考えられる。

　たしかに，ボランティア活動の場合，参加者は公共の問題を解決したり組織を維持したりするための知識やスキルをもっていることが期待されやすい。また，継続的に活動に関わっていくためには，ある程度のコストが発生することもある。たとえば，遠方の被災地での災害ボランティア活動を思い浮かべてほしい。このような活動の場合，少なくない時間やお金が必要だ。一方，援助行為の場合は，（たとえば高齢者の話し相手になるように）普段の生活の延長でおこなえることが多いだろう。したがって，社会経済的資源をもつことは，フォーマルなボランティア行動に対して有利に働くと推測される。

　この推測に合致するように，先行研究では，社会経済的資源がインフォーマルなボランティア行動よりもフォーマルなボランティア行動とより関連することが示されている（Inouye 2007; Omoto and Snyder 2002; Wilson and Musick 1997a）。たとえば，Wilson and Musick（1997a）は，フォーマルなボランティア行動は収入，教育水準と正の関連をもち，インフォーマルなボランティア行動は主に性別や年齢，健康によって規定されることを確認している。したがって，以下の仮説（H1）が導かれる。

H1：社会経済的資源（とくに教育水準）は，フォーマルなボランティア行動に正の影響を与える。

共感性について　次に，主観的性質（動機や性格特性，態度，規範，価値観など）についてである。主観的性質のうち，心理学ではとくに共感性と向社会的行動の関係が多くの研究によって検討されてきた（Davis 1983a, 1983b, 1994; Davis et al. 1999; Penner 2002, 2004; Penner and Finkelstein 1998）。近年は，アメリカやオランダなど一国全土でのサンプリング調査が実

施され，ほとんどの研究で共感性とボランティア行動の間に有意な関連が確認されている（Bekkers 2005, 2006, 2010; Einolf 2008; Smith 2006; Smith and Kim 2004）。

ところが，この共感性の効果も，フォーマルなボランティア行動とインフォーマルなボランティア行動では異なるであろう。この想定は「低コスト仮説」（Bekkers 2006）によって導かれる。これは，「価値や態度，パーソナリティ特性は，コストが低い行動をより強く規定する」（Bekkers 2006: 353）という仮説である。つまり，ある行動が多くの時間やお金，労力などを必要としない場合，人びとは主観的性質に準じてその行動をしやすくなるという意味である。日常の延長でおこなえ，組織はあまり介在しないと考えられる援助行為は，ボランティア活動よりもコストはかからないはずである。そのため，共感性が働きやすいと考えられるのである。

共感性がインフォーマルなボランティア行動を左右するだろうという予測は，「愛着仮説」（Stürmer et al. 2006）からも導かれる。人は集団内メンバーにより強い愛着（attachment）を感じやすいため，共感性は集団内メンバーを援助する大きな誘因となりやすい。この集団内外のメンバーシップという観点から考えると，ボランティア活動の場合は，それによって恩恵を受けるのは，たいていがボランティア本人と面識のない人びとである。一方，援助行為の場合は，隣人・友人のようなボランティアにとって身近な，共通性を有した人びとである。よって，インフォーマルなボランティア行動ほど，共感性が重要な役割を果たしやすいと考えられる。

この予測に根拠を与えるかのように，共感性は見知らぬ他者に利益をもたらす計画的な援助よりも，助けを必要とする身近な他者に対する即自的な援助をより強く促進しやすいことが報告されている（Wilhelm and Bekkers 2010）。したがって，以下の仮説（H2）が導かれる。

H2：共感性は，インフォーマルなボランティア行動に正の影響を与える。

宗教的態度について　主観的性質の1つとして，宗教的態度もボランティア行動を促す効果があることがわかっている（Einolf 2013; Lam 2002; Loveland et al. 2005; Reitsma et al. 2006; Taniguchi and Thomas

2011; Van Tienen et al. 2011)。そもそも従来の研究では，宗教性というと教会出席の影響に注目する研究が大半だった。しかし最近では，神への信念やスピリチュアリティ，祈りといった宗教的態度もボランティア行動を促すことが注目されている（Van Tienen et al. 2011）。

　日本では，宗教団体の所属者（Matsunaga 2006; 寺沢 2012a）や定期的宗教参加者（寺沢 2012b）がボランティア活動に参加する傾向がある。しかし，教団所属や宗教参加の影響を統制しても，個人的な宗教的態度がボランティア行動に影響するのかは検討されていない。

　一方で，日本人特有の宗教的態度が，ボランティア活動と深く結びついていると主張する論者はいる。たとえば河畠修は，阪神・淡路大震災の被災地に駆けつけた多くのボランティアは，特定の宗教的信仰から活動に関わったというよりは，むしろ「宗教心」という形を取りつつ，内面深くに漠として根づいている他者への役割意識に突き動かされて活動に携わったのではないかと指摘している（河畠 1997）。また稲場圭信は，日本人の精神的基層にある無自覚に漠然と抱く自己を超えたものとのつながりの感覚と，先祖，神仏，世間に対してもつおかげ様の念，つまり「無自覚の宗教性」が，ボランティア実践の源泉にあると論じている（稲場 2011a, 2011b）。これらは，宗教組織への関わりというより，むしろ個人の意識レベルの宗教性が，ボランティア行動を導くことを示唆する。こうした議論が正しければ，日本でも宗教的態度がボランティア行動に影響を与えると予測される。

　さらにボランティア行動のフォーマル／インフォーマル性の点を考えると，宗教的態度はフォーマルなボランティア行動よりもインフォーマルなボランティア行動とより関連するのではないかと考えられる。ボランティア活動は，比較的長期にわたる組織化された活動であるため，宗教的なコミュニティの組織性やボランティアになることへの社会的圧力（Bekkers 2006; Jackson et al. 1995）が，より重要なものとして機能するだろう。よって，個人的な宗教的態度は，フォーマルなボランティア行動に対してはそれほど影響しないと考えられる。また，インフォーマルなボランティア行動はフォーマルなボランティア行動よりも，より直接的な関係性のもとでおこなわれる（Van Tienen et al. 2011: 371）。つまり，ボランティア活動は，組織からの仲介によって間接的に実施されるこ

とが多いが,援助行為は,普段の人間関係のなかで自然発生しやすい。よって,宗教的態度を日常生活のなかにおける他者への行動指針としている人は,そのような状況になればすぐにインフォーマルな援助を申し出やすいと考えられる。

なお,この予想を裏づけるように,スピリチュアリティはインフォーマルなボランティア行動に影響を与えるが,フォーマルなボランティア行動には影響しないことがわかっている(Van Tienen et al. 2011)。したがって,以下の仮説(H3)が導かれる。

H3:宗教的態度は,インフォーマルなボランティア行動に正の影響を与える。

これら3つの仮説が成り立つかどうかを,全国調査データを用いた計量分析によって確認していくことにする。

2 データと変数

2.1 データ

分析に用いるのは,2010年1月に実施された「格差と社会意識についての全国調査(郵送)」のデータ(SSP-P2010)である。委託調査会社のマスターサンプルにより抽出された,全国に居住する20~59歳の男女が対象となっている。サンプルサイズは2500人であり,有効回収数は1385人(回収率55.4%)であった。

2.2 変数

本章では2つの被説明変数を用いていく。フォーマルなボランティア行動の指標として,「ボランティア・NPO・NGO活動」への参加頻度(以下,「ボラン

ティア活動参加」）を，インフォーマルなボランティア行動の指標として，「高齢者に対する援助行為」の頻度（以下，「援助行為」）を用いた。これらは，第4章の分析で使用した質問項目と同一のものである。[51]

　また説明変数となる社会経済的資源として，教育年数，世帯年収（対数変換済み），従業上の地位を用いた。主観的性質として，「共感性」と「宗教的な心」を用いた。

　共感性は，M. H. デイビスの対人的反応性指標（IRI, Davis 1994＝1999）を日本語に翻訳した桜井（1994）の共感性指標のうち，「共感的関心」に該当する4項目である（例：「自分よりも不幸な人には，やさしくしたいと思う」〔1「まったくあてはまらない」～5「よくあてはまる」の5件法〕）。これらを因子分析すると1つの因子が構成され，信頼性係数である Cronbach's α は 0.68 であった。4つの項目は単純加算され，平均が0，標準偏差が1の標準得点（z値）に変換されている（最小値：-4.4，最大値：2.0）。

　宗教的な心は，「『宗教的な心』というものは大切だと思う」（1「そう思わない」～5「そう思う」）という項目である。これは，統計数理研究所が行っている「国民性調査」で継続的に用いられており（林 2006, 2010），「素朴な宗教的感情」（林 2006）を表すものとして知られている。留意しなければならないのは，宗教的な心の効果には，教団所属者のもつ宗教的ネットワークの効果も混在する可能性がある点である。宗教的な心を個人的な宗教的態度とみなすためには，宗教的コミュニティの影響を統制する必要がある。そこで，「あなたはつぎにあげることをどの程度していますか：決まった日に神社やお寺にお参りにいったり，教会へいく」（1「したことがない」～5「いつもしている」の5件法）という「宗教参加」を統制変数として用いた。

　これらに加えて，性別，年齢，婚姻地位，12歳以下の子有無，市郡規模を統制した。

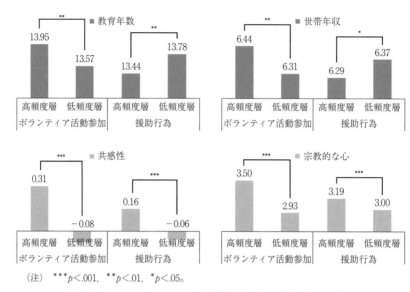

(注) ***$p<.001$, **$p<.01$, *$p<.05$。

図5-2 高頻度層と低頻度層の社会経済的資源・主観的性質の違い

3 分析結果

3.1 ボランティアの社会経済的資源と主観的性質

それでは、フォーマル／インフォーマルなボランティア行動に対する、社会経済的資源と主観的性質の影響をみていこう。

多変量解析に入る前に、まずは各行動の高頻度層と低頻度層において、社会経済的資源と主観的性質に違いがみられるかを確認しておく。

図5-2は、ボランティア活動参加と援助行為それぞれにおいて、低頻度層（1「したことがない」～2「めったにしない」）と高頻度層（3「ときどきしている」～5「いつもしている」）に分け、社会経済的資源と主観的性質の変数の平均値を示したものである。ここには、2つのグループの平均値に有意な差があるかどう

かを判定するt検定の結果,有意差が確認できたもののみを掲載している。

まず,図5-2の上段の2つのグラフをみよう。ボランティア活動参加に関しては,高頻度層は低頻度層よりも教育年数や世帯年収は高い。これとは逆に,援助行為に関しては,低頻度層は高頻度層よりも教育年数や世帯年収が高い。フォーマル・インフォーマルの種別によって,社会経済的資源との関係がまったく逆になることがわかるだろう。これは,第3章と第4章で確認された傾向である。ここから,H1は支持されそうだ。

次に,図5-2の下段の2つのグラフをみてほしい。ここでは,ボランティア活動参加と援助行為の両方で共通して,高頻度層は低頻度層に比べて共感性や宗教的な心の値が高いことがわかる。H2とH3では,主観的性質はインフォーマルなボランティア行動に正の影響を与えると予測したが,援助行為だけでなくボランティア活動参加についても,同じような関連がみられる可能性が示唆される。

3.2 多変量解析からみる社会経済的資源と主観的性質の影響

本当に,社会経済的資源はボランティア活動参加に正の影響を,主観的性質はボランティア活動と援助行為の両方に正の影響を与えているのだろうか。これを確認するために,他の要因の影響をコントロールした順序ロジット・モデルによる推定をおこなった。

順序ロジット・モデルとは,2値変数に対しておこなわれるロジット・モデルの拡張版であり,被説明変数が順序をもつ2つ以上のカテゴリから成る場合に用いられる。今回のように,回答選択肢が1～5の5カテゴリから成る被説明変数の際にも,このモデルは有効だ。推定によって得られた係数の解釈は,次のようになされる[52]。たとえば,教育年数の係数が0.1の場合,教育年数が1年増えることは,ボランティア行動のカテゴリ(今回は5段階)が1段階上がる際のロジット(オッズの自然対数)が0.1単位分増加することを意味する。これまでの多変量解析と同じように,有意な正の係数は被説明変数に対してプラスの影響を,有意な負の係数はマイナスの影響を意味すると考えてもらって差し支えない。

表 5-1 順序ロジット・モデルによる推定結果

	ボランティア活動参加		援助行為	
	係　数	標準誤差	係　数	標準誤差
教育年数	0.111***	0.028	−0.036	0.027
世帯年収	0.152	0.083	−0.138	0.079
常時雇用者（基準）				
経営者・役員	0.506	0.273	−0.063	0.272
非正規雇用者	−0.004	0.155	0.218	0.149
自営業主・家族従業者	−0.183	0.195	0.073	0.187
無職・学生	0.008	0.157	−0.195	0.152
共 感 性	0.289***	0.055	0.139**	0.053
宗教的な心	0.286***	0.052	0.116*	0.049
女　　性	0.237	0.127	0.542***	0.123
20　代	−0.207	0.212	−0.134	0.204
30　代	−0.378*	0.168	−0.342*	0.163
40　代	−0.096	0.151	−0.411**	0.147
50 代（基準）				
特別区・政令市（基準）				
その他の都市	0.171	0.123	0.002	0.119
郡　　部	0.529**	0.195	0.042	0.191
未　　婚	0.001	0.170	0.107	0.164
離 死 別	0.316	0.260	0.234	0.254
既婚（基準）				
12 歳以下の子あり	0.170	0.156	0.351*	0.151
宗教参加	0.218***	0.049	0.289***	0.048
Intercept α				
α_1	3.726***	0.648	−1.068	0.612
α_2	5.359***	0.657	0.572	0.612
α_3	7.014***	0.670	1.973**	0.615
α_4	7.739***	0.680	2.760***	0.620
Likelihood Ratio χ^2	168.570***	(d.f. = 18)	118.943***	(d.f. = 18)
AIC	3094.960		3546.541	
Negelkerke R^2	0.134		0.094	
N	1,284		1,281	

（注）　***$p<.001$, **$p<.01$, *$p<.05$。

表 5-1 は，順序ロジット・モデルによる推定結果である。

表 5-1 の左側，ボランティア活動参加に関する結果をみよう。社会経済的資源に関しては，教育年数のみが有意な正の値となっている。主観的性質に関し

ては，共感性と宗教的な心の2つともが有意な正の値である。やはりここでも，教育年数の高い人，共感性や宗教的な心をもつ人ほど，ボランティア活動に参加しやすいことがわかる。

表5-1の右側，援助行為に関する結果もみよう。社会経済的資源に関しては，いずれの変数も有意な値ではない。主観的性質に関しては，共感性も宗教的な心も，有意な正の値を示している。よって，共感性や宗教的な心をもつ人ほど，援助行為を担いやすいといえる。なお，第4章の多変量解析では，援助行為に対して教育年数や世帯年収の負の影響が確認されたが，ここでは認められない。それは，主観的性質というこれまで考慮されなかった要因の影響を統制しているために，教育年数や世帯年収の影響が認められなくなったからだと考えられる。

4 考　察
——どんな資源や心が人をボランティアにするのか

本章では，2010年に実施された全国調査によるデータを用いて，社会経済的資源と主観的性質が，フォーマルなボランティア行動（ボランティア活動参加）とインフォーマルなボランティア行動（援助行為）に与える影響を検討した。その結果，教育年数はボランティア活動参加に正の影響を与えることがわかった。よって，H1は支持された。一方で，主観的性質（共感性・宗教的態度）は，援助行為だけでなくボランティア活動参加にも正の影響を与えることがわかった。よって，H2とH3は支持されたが，フォーマルなボランティア行動も主観的性質によって規定されるという予想に反する結果も得られた。

本章で得られた分析結果を図示したものが，図5-3である。

社会経済的資源に関しては，ボランティア行動への影響は，その活動がフォーマルなものかインフォーマルなものかという区別によって異なることが明確になった。とくに，教育年数が援助行為を規定しないという結果は，教育水準が「ボランティア行動の最も一貫した予測因子」（Wilson 2000: 219）であるというよく知られた知見が，インフォーマルな領域におけるボランティア行動には

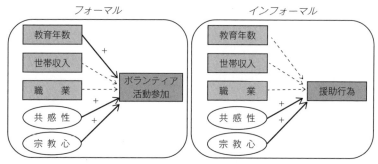

図 5-3 社会経済的資源と主観的性質がボランティア行動に与える影響

あてはまらないことを意味している。教育水準の高い人は社会的問題への関心が高く，自己肯定感も高く，社会的ネットワークも豊かであるが（Musick and Wilson 2007: 124），こうした特徴は，ボランティア・NPO 活動への参加にしか発揮されないということだ。したがって，H1 での想定は現実にあてはまっていた。

一方，主観的性質に関しては，共感性や宗教的態度は，援助行為だけでなくボランティア活動参加にも正の影響を与えることがわかった。ではなぜこれらは，フォーマルなボランティア行動をも促進するのか。そもそも仮説を導く際，欧米の先行研究での知見に基づいて想定したのは，フォーマルなボランティア行動はインフォーマルなボランティア行動よりもコストが高く，見知らぬ他者に対しておこなわれるものであり，組織を介するため直接性が希薄である，ということだった。フォーマルなボランティア行動も主観的性質によって規定されるという予想には反する結果が得られた今，こうした想定を考え直す必要がある。ここでは欧米との差異を生んだであろう，日本独自の文脈というものを考えてみたい。

日本では，1995 年の阪神・淡路大震災の発生以降，ボランティア活動への関心の高まりに伴って，日本政府は国民が気軽にボランティア活動に従事できるような環境整備を進めてきた。1998 年に特定非営利活動促進法（NPO 法）が施行されて以降，NPO 法人の数は飛躍的に増加し，2010 年代には 4 万法人を突破している。さらに現在では，インターネットや各地域のボランティアセ

ンターなどを通じて，ボランティア活動情報が広範囲に周知されている。こうした状況によって，共感性や宗教的態度をもつ人が手軽にフォーマルなボランティア・NPO活動に参加しやすくなった可能性がある。加えて日本は島国であり，先行研究が射程に入れた社会と比べて，人種的・文化的な多様性の幅が小さいことがボランティアとサービスを受ける人との距離感を縮め，愛着を感じやすくさせたとも考えられる。こうした独自の制度的文脈や環境が，主観的性質がボランティア活動参加にも影響するという結果を導いたと推測される。

本章の知見として強調しておきたい点は，主観的性質（共感性と宗教的態度）が，異なる特徴をもつ2種類のボランティア行動をともに予測する規定要因となっていることである。興味深いのは，欧米だけでなく日本でも，主観的性質のうちの共感性はフォーマルなボランティア行動を誘発するという点である。この結果は，共感性が利他性を発揮させるという現象が，社会や文化を超えた普遍性をもつことを示唆している。

さらに注目されるのは，主観的性質のうち，宗教的態度がフォーマルなボランティア行動に強く影響していたという点である。河畠（1997）が指摘するように，日本人のもつ「宗教心」は，他者を助けたいという願いや，自分自身を高めたいという願いに重なり合うため，ボランティア活動への参加を促すのかもしれない。また，神仏や先祖への感謝の気持ち，あるいは自己を超越した存在とのつながりの感覚としての「無自覚の宗教性」（稲場2011a，2011b）が，他者との関係性を重要なものとして価値づけ，それによってボランティア行動が促されているという仮説が考えられる。

本章では宗教的態度を測るために，「宗教的な心」という1項目しか用いてこなかった。他方，共感性の方は4項目で測定されているため，比べると尺度としての妥当性に疑問が残る。また，「宗教的な心」という項目が何を意味するのか，そしてなぜボランティア行動を促すのか，という点は明らかになったとはいえない。この点を明瞭にするためには，宗教性に関する複数の質問項目を用いることによって，宗教性を多次元的に捉えることが必要である。

したがって次の第6章では，この残された課題を解決するために，宗教的態度をより多くの項目を用いて測定し，ボランティア行動への影響をより詳しく検討することにしたい。

注

50　第4章において,「ボランティア」といわない援助行為は,低階層性を帯びる相互扶助的行為であることが示された。よって本章では,第4章で用いた援助行為の質問項目をインフォーマルなボランティア行動の指標とする。

51　ボランティア活動参加の度数分布(回答割合)は,後の多変量解析に用いるすべての質問項目に回答があった1284人のうち,「1:したことがない」が539人(42.0%),「2:めったにしない」が438人(34.1%),「3:ときどきしている」が227人(17.7%),「4:よくしている」が39人(3.0%),「5:いつもしている」が41人(3.2%)であった。およそ4人に1人(23.9%)が,ボランティア・NPO・NGO活動に参加しているとみなせる。

　　また援助行為の度数分布(回答割合)は,後の多変量解析に用いるすべての質問項目に回答があった1281人のうち,「1:したことがない」が362人(28.3%),「2:めったにしない」が464人(36.2%),「3:ときどきしている」が291人(22.7%),「4:よくしている」が82人(6.4%),「5:いつもしている」が82人(6.4%)であった。35.5%の人が高齢者に対して援助していることになる。この値は,ボランティア活動参加率よりも若干高い。

52　このモデルは,連続した累積的な分裂(split)を超える際の,説明変数の影響を同時に検討する際に利用される(O'Connell 2006: 28)。推定結果で表示される閾値(α)は,説明変数の値がすべて0である回答者の場合の切り取り点(cut-point)を示している。つまり,α_1は,Y(被説明変数)$=1$と$Y \geq 2$を区別するための潜在変数(latent variable)における切り取り点を表し,α_2は,$Y=2$と$Y \geq 3$を区別するための潜在変数における切り取り点を示す。このようにして,α_4が,$Y \leq 4$と$Y=5$を区別する潜在変数の切り取り点を示すまで続く。なおこれらの閾値は,結果の解釈に用いられることはない。

第 **6** 章

どんな宗教性をもつ人が
「ボランティアになる」のか？

はじめに

　第5章の知見により検討を要請されたのは，主観的性質のうち宗教的態度がボランティア行動にいかなる影響を与えているのか，という疑問であった。では，この宗教的態度とは具体的にはどのようなものなのだろうか。

　第6章では，宗教的態度の内実をより詳細に明らかにするために，多元的宗教性の観点から，宗教性の諸次元（実践・信念・経験・結果の次元）が，ボランティア行動に与える影響を検討していく。とくに，教団に所属していない人びと（非教団所属者）の宗教性の影響に注目しよう。

1　ボランティア行動を誘発する宗教性とは

1.1　見逃されていた多元的宗教性の視点

　宗教とボランティア行動の関係は，欧米の宗教社会学，市民社会論，ボランティア研究で頻繁に言及される重要な研究対象の1つである。パットナムが，宗教への積極的関与はボランティア行動の「特に強力な予測変数」（Putnam 2000＝2006: 75）と位置づけるように，実際に多くの計量的研究によって，教会出席とボランティア行動の関連が繰り返し確認されている。その解釈として，教会での活動を基盤とした人びとのネットワーク形成が，市民参加を促すと考えられている（Lim and MacGregor 2012; Ruiter and De Graaf 2006）。

　日本でも数は多くはないが，宗教性とボランティア行動の関係を捉えた研究がある。全国調査データの分析から，宗教団体の所属者（Matsunaga 2006; 寺沢 2012a, 2013）や，寺社・教会などの宗教施設に頻繁に行く定期的宗教参加者（寺沢 2012b）ほど，ボランティア活動をおこなう傾向があると報告されている。これらは，非キリスト教文化圏であり，教団所属者が国民の約1割（石井 2007: 57）と諸外国に比べて低い日本でも，教団および寺社・教会が人びとを結びつけ，ボランティア行動を促すことを示す点で重要な知見である。

　しかし，日本人の大多数である教団に所属しない人びと，すなわち「非教団

所属者」のボランティア行動と宗教性に関係があるのかについては，十分に検討されていない。先ほどの，教団所属や宗教施設に行くことがボランティア行動を促すという研究知見は，教団がごく少数の教団所属者にネットワークを与え，参加を導くという限定的な機能しかもたないことを意味しているとも考えられる。教団の信徒として信仰する人もいれば，教団に所属はしていないが何かしら宗教的なものに親しみを感じる人もいるという，日本の宗教の「重層的な構造」(川端 1989: 38) に配慮した検討がなされていないのである。

　宗教社会学者の大村英昭は，日本では教団内部ではなく教団外部にこそ，「拡散宗教 (diffused religion)」[53]として純度の高い宗教性が各領域にわたって拡散していると主張している (大村 1996: 182-86)。例を挙げて説明しよう。日本では，何らかの教団に所属する人は約1割であるが，他方で国民のうち初詣や墓参りをおこなう人は6割を超えている (石井 2007: 66)。それだけでなく，「宗教的な心」を大切と思う人は約7割も存在する (統計数理研究所国民性調査委員会 2009: 66)。こうしたことを踏まえると，非教団所属者のなかにも，何らかの宗教性を有している人びとがいると考える方が自然なのである。もしかしたら，彼ら彼女らが慣習的におこなう宗教的な実践や，素朴に抱く神仏への加護観念 (おかげ様) といった宗教的な態度が，ボランティア行動に影響を及ぼしている可能性がある。

　このような特殊な宗教事情がある日本においてこそ，宗教性を多元的に捉え，それらが教団に関わらない人びとのボランティア行動に影響するのかを検討する余地がある。

1.2　集合的宗教性か？　拡散的宗教性か？

　宗教性を多元的なものとみなし，その構造を捉える研究の発展の礎となったのが，C. Y. グロックとR. スタークの研究である。彼らは，宗教性が実践 (practice)，信念 (belief)，経験 (experience)，結果 (consequence) といった複数の次元に分けられると指摘した[54] (Stark and Glock 1968)。彼らによれば，実践の次元は，公的な実践 (教団への参加，礼拝への出席など) や私的な実践 (聖書を読む，祈りなど) から成る。信念の次元は，キリスト教教義を信じることや忠実

表6-1 宗教性の概念分類

Stark and Glock (1968)	実践		信念	経験	結果
	公的実践	私的実践			
Van Tienen et al. (2011)	←集合的宗教性→	←	個人的宗教性		→
本 研 究	←集合的宗教性→	←	拡散的宗教性		→

さ，行動指針の重要性から成る。経験の次元は，神の臨在の感覚や救済の感覚から成る。そして結果の次元は，上記の宗教的実践，信念，経験が，個人の日常生活に対して与えている影響を指す（松谷 2008: 10）。

宗教性の諸次元は，その性質によって2つに大きく分類できる。従来から，宗教の二大要素は「コミュニティ（community）と信念（conviction）」（Wuthnow 1991: 121）だとされてきた。つまり，教団や宗教施設という「構造」の部分と宗教心という「態度」の部分の2つに分けられるのである。最近の研究では，グロックらが示した宗教性の次元を，「集合的宗教性（collective religiosity）」と「個人的宗教性（individual religiosity）」に二分し，ボランティア行動への影響を捉える計量的研究が登場している（Van Tienen et al. 2011）。つまり，「集合的宗教性」には①公的実践の次元が，「個人的宗教性」には②私的実践の次元，③信念・経験の次元，④結果の次元が位置づけられるのである。

本章は上記の概念分類を援用するが，後者に関しては，「個人的宗教性」ではなく「拡散的宗教性」と呼ぶことにしたい。それは，宗教的信念・経験・結果は，ある個人の内面のなかで突如発生するわけではなく，集合的宗教性に少なからず影響を受けつつ，文化的共同体のなかで人びとに共有された意識として遍在するものであり，大村がいう「拡散宗教」（大村 1996: 182）に重なり合うと考えられるためである。

以上の概念分類をまとめたのが表6-1である。以下では，「集合的宗教性」と「拡散的宗教性」，およびその下位分類に沿って先行研究を整理しよう。

集合的宗教性について 諸外国において，①公的実践の次元とボランティア行動の関連を捉える研究が数多く蓄積されている。とくに教会出席が，ボランティア行動に頑健な影響を与えることが確認さ

れている（Becker and Dhingra 2001; Janoski et al. 1998; Lim and MacGregor 2012; Ruiter and De Graaf 2006; Wilson and Janoski 1995; Wilson and Musick 1997a, 1999)。たとえば，138 カ国を対象とした国際比較調査データから，教会に頻繁に出席する人ほどボランティア活動に参加する傾向が確認されている（Lim and MacGregor 2012）。教会出席の影響については，教会を通じた人びとのネットワークによって，ボランティア活動の機会が与えられたり，社会的圧力が与えられたりすることによって，参加が促されるという解釈が主流である（Jackson et al. 1995; Lim and MacGregor 2012; Ruiter and De Graaf 2006)。

　日本でも，①公的実践の次元とボランティア行動との関連を捉える研究がなされている（Matsunaga 2006; 寺沢 2012a, 2012b, 2013)。たとえば寺沢重法は，日本版総合的社会調査（JGSS）の 2002 年と 2005 年のデータを用いて，教団所属者ほど定期的なボランティア活動をおこなう傾向があることを見出している（寺沢 2012a)。また，世界価値観調査の第 2 回と第 4 回調査データ（日本のみ）を用いて，宗教施設に定期的に訪問・参拝する層ほどボランタリー組織に所属し，ボランティア活動をおこなう傾向があることを確認している（寺沢 2012b)。

拡散的宗教性について　拡散的宗教性に関しては，諸外国において私的実践や信念・経験，結果の次元とボランティア行動の関連を捉える研究が進められている（Einolf 2013; Lam 2002; Loveland et al. 2005; Reitsma et al. 2006; Taniguchi and Thomas 2011; Van Tienen et al. 2011)。一方日本では，拡散的宗教性とボランティア行動の関係については，ほとんど検討されていない。信仰熱心度がボランティア活動への参加と関連するという知見はあるが（Taniguchi 2010; 寺沢 2012a），この信仰熱心度は，拡散的宗教性のうちどの次元を捉えたものなのか判別できない。ここでは，諸外国における先行研究の知見を紹介する。

　まず，②私的実践の次元に関して，日常的な祈りや聖書を読む行為が，ボランティア行動に関連することが確認されている（Lam 2002; Loveland et al. 2005)。たとえば Loveland et al.（2005）は，北米の調査データを用いて，祈りの頻度が，教会出席や教団所属の影響を統制してもボランタリー組織のメンバーであることに有意な影響を与えることを確認している。この理由として，頻繁に祈

る人は他者の困難を軽減するために祈りやすく，このような他者のニーズに対する共感的態度が，ボランティア活動への参加を促すと考えられている（Loveland et al. 2005: 3）。

日本人の私的な実践に相当するのは，仏壇や神棚の前での祈りであろう。たとえ，教団に所属したり，宗教施設で参拝したりしなくても，先祖や氏神，特定の故人に頻繁に祈る人は，他者が抱える困難が軽減されることを祈り，そうした態度はボランティア行動にも影響する可能性がある。

次に，③信念・経験の次元に関しては，キリスト教の教義的信念やスピリチュアリティが，ボランティア行動と関連することが見出されている（Einolf 2013; Reitsma et al. 2006; Taniguchi and Thomas 2011; Van Tienen et al. 2011）。たとえば，スピリチュアリティ（ここでは，自己を超えるより大きな世界に結びつけられている経験）がボランティア行動を規定するというアメリカの研究や（Einolf 2013），スピリチュアリティ（ここでは，スピリチュアルな人間関係や奇跡を感じる経験）がボランティア行動に影響するというオランダの研究（Van Tienen et al. 2011）がある。

日本人の宗教的信念・経験を捉える際に，上記のキリスト教教義に基づく神への信念やスピリチュアリティをそのまま用いることは，当然ながら不適切だろう。よって，日本人の宗教意識を捉えた金児暁嗣の研究を参考にする。

金児は，浄土真宗の信者や一般の人びとを対象にした一連の調査研究を通じて，「加護観念」と「霊魂観念」が，日本人の宗教意識に通底する因子として抽出できることを計量的に実証した。加護観念とは，「風俗や年中行事としての軽い宗教との結びつきに親しみを感じ，自然にも敬虔な気持ちをもった宗教性」であり，いわゆる「オカゲさま」という恩情感である（金児 1997: 229）。また，霊魂観念とは，「霊的存在への信仰，死者への畏怖の感情，願いごとをかなえたり祟りや罰を与えるような人知を超えた存在に対する畏怖の念，輪廻転生を信じること，そうした観念の複合したもの」であり，いわゆる「タタリ意識」である（金児 1997: 229）。「オカゲとタタリは日本人の基層信仰として表裏をなしている」（金児 1997: 213）と指摘されるように，加護観念と霊魂観念は，日本人の宗教意識（信念・経験）の両輪として位置づけられる。

両者のうちとくに注目すべきは，加護観念である。稲場圭信は，「神仏のご

加護で生かされているという感謝の念が，おかげ様という感覚が，人を謙虚にし，自分の命と同様に他者の命も尊重させる」(稲場2011b: 129) と論じ，さらに，こうしたおかげ様の心情からボランティア活動をおこなっている人がいることを自身の質的調査から指摘している。この指摘は，たとえ教団所属者でなくても，一般の人びとが神仏への報恩の行為としてボランティア活動をおこなっている可能性を示唆している。

　最後に，④結果の次元に関しては，宗教的実践や信念・経験が同じ程度でも，自己の人生や生活に対する信仰の重要度の高い人は寄付しやすいことが，欧州7カ国の調査データによって確認されている (Reitsma et al. 2006)。ボランティア行動に対する結果の次元の影響が確認されていない研究もあるが (Lam 2002; Loveland et al. 2005; Van Tienen et al. 2011)，信仰に強く影響されていると自覚的な人ほど，ボランティア活動をおこなう可能性はあるだろう。よって，結果の次元がボランティア行動に与える影響も検討する。

　以降では，調査データを元に集合的宗教性（公的実践の次元）と拡散的宗教性（私的実践，信念・経験，結果の次元）が，ボランティア行動に影響するかを検討していく。その際，教団所属者と非教団所属者に分けて，諸次元の影響をより詳細に把握していく。

2 データと変数

2.1 データ

　使用するデータは，「ボランティア活動と信仰に関する調査」によるデータである。この調査は，2013年1月に大阪大学大学院人間科学研究科によって実施された郵送質問紙調査である。本調査の対象者は，全国に居住する20～69歳の男女2800人である。対象者は，住民基本台帳による母集団構成比に合わせて，調査会社の郵送調査パネルから性・年代・地域・都市規模別に抽出された。本調査の有効回答数は1474人であり，有効回収率は52.6%であった。

表 6-2　加護観念と霊魂観念に関する因子分析の結果

因子名（信頼性係数）／項目	因子負荷量	
	第1因子	第2因子
第1因子：加護観念（α=0.745）		
[k1] 何ごともなく毎日生活できることは，神仏のおかげだと思う	0.885	-0.024
[k2] 自分はなにか大きな見えない力によって「生かされている」と感じる	0.774	-0.038
[k3] 信仰によって，心の安らぎを得ることができる	0.466	0.047
第2因子：霊魂観念（α=0.705）		
[r1] 悪魔や悪霊は存在する	-0.053	0.737
[r2] 他人や霊が自分に強い悪感情をもつことは（たたり，呪いも含め），不幸をもたらす	-0.023	0.706
[r3] 亡くなった人を供養しないとたたりがある	0.140	0.428
因子間相関（第1因子×第2因子）	0.588	

(注)　$N=1,181$。因子抽出法：最尤法，回転法：プロマックス回転。

なお，本研究で用いる全項目に回答があったのが 1181 人であった。

2.2　変　　数

被説明変数として，ボランティア活動への参加頻度を用いた。度数分布（回答割合）は，「1：したことはない」が 489 人（41.4％），「2：数年に1回位」が 271 人（22.9％），「3：1年に1〜2回位」が 228 人（19.3％），「4：2〜3カ月に1回位」が 95 人（8.0％），「5：月に1回以上」が 108 人（9.1％）であった。

説明変数（宗教性変数）は，以下の項目である。まず①公的実践の次元を捉えるため，教団所属と参拝頻度を用いた。参拝頻度は，教団所属者においては，主に教団関係の礼拝や集会への参加を意味し，一方，非教団所属者においては，主に初詣や墓参りなどの宗教行事への慣習的参加を意味すると予測される[58]。また，②私的実践の次元を捉えるため，仏壇・神棚前での祈りを，③信念・経験の次元を捉えるため，加護観念と霊魂観念を用いた。加護観念と霊魂観念は，6項目の因子分析から抽出される因子であり，表6-2はその因子分析の結果である。ここでは金児（1997）と同様に，2つの異なる因子が抽出された[59]。それぞれの因子を構成する3項目の回答を単純加算し，加護観念と霊魂観念とした。最後に，④結果の次元を捉えるため，信心の自己評定を用いた[60]。

表 6-3　変数の記述統計

変　数	詳　細	範囲	平均	標準偏差
ボランティア活動参加	「あなたは次にあげるようなことをどの程度していますか：ボランティア活動」→1：したことはない，2：数年に1回位，3：1年に1～2回位，4：2～3カ月に1回位，5：月に1回以上	1-5	2.22	1.30
公的実践の次元				
教団所属	「次にあげる団体やグループとのかかわりはどの程度ですか：宗教や信仰に関する団体」→1：加入して積極的に参加している／加入はしているが積極的に参加していない，0：加入していない	0-1	0.13	0.34
参拝頻度	「あなたは，神社，寺，教会などの参拝や礼拝にどの程度行きますか」→1：まったく行かない，2：年に1回も行かない，3：年に1, 2回，4：年に数回程度，5：月に1回，6：月に2, 3回，7：ほとんど毎週，8：毎週，9：週に数回	1-9	3.51	1.26
私的実践の次元				
仏壇・神棚前での祈り	「あなたは次にあげるようなことをどの程度していますか：家にある神棚や仏壇などの前で祈ること」→1：まったくしていない，2：年に1回～数回，3：月に1回～3回，4：週に1回～数回，5：ほぼ毎日	1-5	2.86	1.53
信念・経験の次元				
加護観念	「何ごともなく毎日生活できることは，神仏のおかげだと思う」(-3：まったくそう思わない～3：まったくそう思う)などの3項目を単純加算	-9-9	0.07	4.24
霊魂観念	「悪魔や悪霊は存在する」(-3：まったくそう思わない～3：まったくそう思う)などの3項目を単純加算	-9-9	-1.90	4.10
結果の次元				
信心の自己評定	「あなた自身には信仰心や信心がありますか」→1：まったくない～3：どちらともいえない～5：とてもある	1-5	2.92	1.16
性　別	0：男性，1：女性	0-1	0.53	0.50
年　齢	実数（歳）	20-69	47.25	13.56
市郡規模	1：郡部，2：人口15万未満市，3：人口15万以上市，4：21大都市	1-4	2.86	0.94
婚姻地位	0：未婚・離死別，1：既婚	0-1	0.80	0.40
12歳以下の子有無	0：なし，1：あり	0-1	0.39	0.49

友人接触	「あなたは次にあげるようなことをどの程度していますか：友人との会食や集まり」→1：まったくしていない，2：年に1回～数回，3：月に1回～3回，4：週に1回～数回，5：ほぼ毎日	1-5	2.60	0.74
教育年数	中学9年，高校12年，短大・高専14年，大学16年，大学院18年を割り当て	9-18	13.39	2.12
世帯年収	世帯年収の回答（カテゴリ）に中央値を割り当て，対数変換したもの	0-16.52	15.32	1.41
従業上の地位	常時雇用者	0-1	0.30	0.46
	非正規雇用者	0-1	0.25	0.43
	自営業主・家族従業員	0-1	0.13	0.34
	経営者・役員	0-1	0.03	0.16
	無職・学生	0-1	0.29	0.45
父参拝頻度	「あなたが子どもの頃，お父さんは神社，寺，教会などの参拝や礼拝にどの程度行きましたか」→1：まったく行かなかった，2：年に1回も行かなかった，3：年に1，2回，4：年に数回程度，5：月に1回，6：月に2，3回，7：ほとんど毎週，8：毎週，9：週に数回	1-9	3.37	1.27
母参拝頻度	「あなたが子どもの頃，お母さんは神社，寺，教会などの参拝や礼拝にどの程度行きましたか」→1：まったく行かなかった，2：年に1回も行かなかった，3：年に1，2回，4：年に数回程度，5：月に1回，6：月に2，3回，7：ほとんど毎週，8：毎週，9：週に数回	1-9	3.60	1.39

（注） $N=1,181$。

統制変数として，性別，年齢，市郡規模，婚姻地位，12歳以下の子有無，友人との接触，父参拝頻度と母参拝頻度を用いた。また，前章までで検討してきた社会経済的資源の影響も考慮するため，教育年数，世帯年収，従業上の地位も統制した。

表6-3が，分析に用いる変数の記述統計をまとめたものである。

2 データと変数

3 分析結果

3.1 ボランティアにおける宗教性の諸次元

　宗教性の諸次元がボランティア行動に影響するかをみていこう。第5章でおこなったのと同じように、まずはボランティア活動参加の高頻度層（3「1年に1〜2回位」〜5「月に1回以上」）と低頻度層（1「したことがない」〜2「数年に1回位」）において、宗教性の程度に違いがみられるかを確認しておく。

　図6-1は、ボランティア活動参加の高頻度層と低頻度層における、各宗教性変数の平均値を示したものである。教団所属以外の変数に関しては、対象者「全体」（1181人）と「非教団所属者のみ」（1029人）の2つにグループを分けて、平均値を表示してある。

　図6-1の上の段から、結果を確認しよう。まず教団所属に関するグラフをみると、高頻度層の方が低頻度層に比べて教団所属率は高い。日本人の教団所属者の割合は約1割なので、ボランティア活動に活発な人の集団では、教団所属者が通常よりも2倍ほど多いことがわかる。

　参拝頻度、仏壇・神棚前での祈り、加護観念、信心の自己評定の4つのグラフでは、いずれも同じ傾向がみられる。「全体」でも「非教団所属者」でも共通して、高頻度層の方が低頻度層よりも、宗教性の平均値が高い。

　霊魂観念に関しては、上記の4つとは異なる傾向がある。「全体」でも「非教団所属者」でも共通して、高頻度層の方が低頻度層よりも霊魂観念の平均値が低い。

　以上から、教団所属、参拝頻度、仏壇・神棚前での祈り、加護観念、信心の自己評定はボランティア活動参加に正の影響を与えること、そして、霊魂観念は負の影響を与えることが示唆される。日本人の大多数を占める非教団所属者においても、宗教性とボランティア活動参加には関連がある可能性がグラフからは読み取れる。

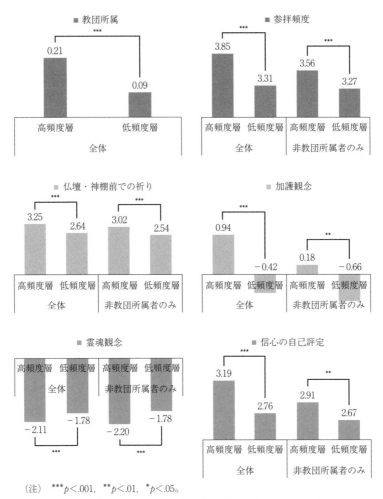

図6-1 ボランティア活動の高頻度層と低頻度層の宗教性の違い

 ただし，これら宗教性変数は互いに似通ったものであるため，図6-1で見られた傾向は，他の要因によって影響を受けた「見せかけの関係」である可能性を否定しきれない。宗教性変数それぞれの独自の効果をみるためには，多変量解析が必要である。

3 分析結果

表 6-4　順序ロジット・モデルによる推定結果

	全体 ($N=1,181$)		非教団所属者のみ ($N=1,029$)	
	係数	標準誤差	係数	標準誤差
教団所属	0.458**	0.176		
参拝頻度	0.161**	0.051	0.112	0.066
仏壇・神棚前での祈り	0.117**	0.042	0.141**	0.046
加護観念	0.045*	0.018	0.043*	0.019
霊魂観念	−0.031	0.016	−0.023	0.018
信心の自己評定	−0.051	0.065	−0.087	0.070
女性	−0.058	0.130	−0.110	0.143
年齢	0.025***	0.006	0.023***	0.006
市郡規模	−0.266***	0.059	−0.270***	0.063
既婚	0.233	0.163	0.395*	0.180
12歳以下の子あり	0.304*	0.138	0.171	0.151
友人接触	0.415***	0.077	0.371***	0.083
教育年数	0.097***	0.027	0.103***	0.029
世帯年収	0.080	0.048	0.119	0.065
常時雇用者（基準）				
非正規雇用者	0.001	0.167	0.032	0.182
自営業主・家族従業員	−0.196	0.188	−0.214	0.203
経営者・役員	−0.229	0.354	−0.071	0.378
無職・学生	−0.250	0.166	−0.246	0.182
父参拝頻度	0.093	0.057	0.127	0.070
母参拝頻度	−0.017	0.052	−0.041	0.062
Intercept α				
α_1	4.874***	0.910	5.195***	1.157
α_2	5.938***	0.915	6.274***	1.162
α_3	7.095***	0.921	7.421***	1.168
α_4	7.891***	0.927	8.162***	1.172
Likelihood Ratio χ^2	183.724***	(d.f. = 20)	115.469***	(d.f. = 19)
AIC	3243.084		2785.246	
Nagelkerke R^2	0.169		0.133	

（注）　***$p<.001$, **$p<.01$, *$p<.05$。VIF はすべて 2 未満。

3.2　多変量解析からみる宗教性の諸次元の影響

　それでは多変量解析の結果から，ボランティア活動参加に対する宗教性の諸次元の影響を確認しよう。表 6-4 は，順序ロジット・モデルによる推定結果

である（順序ロジット・モデルに関しては第5章での説明を参照）。ここでも，「全体」(1181人) と「非教団所属者のみ」(1029人) に分けて，それぞれ推定をおこなっている。

　まず，表6-4の左側，「全体」の結果をみよう。宗教性変数の結果をみると，教団所属，参拝頻度，仏壇・神棚前での祈り，加護観念が有意な正の値となっている。教団所属と参拝頻度が有意な正の影響をもつという結果は，教団所属者（Matsunaga 2006; 寺沢 2012a, 2013）や定期的宗教参加者（寺沢 2012b）ほど，ボランティア活動に参加しやすいという先行研究の知見と整合的である。それだけでなく，この分析結果からは，仏壇・神棚前での祈りを頻繁にする人や加護観念をもっている人も，ボランティア活動に参加しやすいことが読み取れる。

　次に，表6-4の右側，「非教団所属者のみ」の結果をみよう。ここでは，仏壇・神棚前での祈りと加護観念の2つのみにおいて，有意な正の値が確認される。つまり，たとえ教団にはかかわりをもたない人であっても，仏壇・神棚前で普段から祈っている人や加護観念をもっている人は，ボランティア活動に参加しやすいということである。

4　考　察
——宗教性のどのような面がボランティア行動を促すのか

　本章では，2013年に実施された全国調査によるデータを用いて，宗教性の諸次元がボランティア行動に与える影響を検討した。その結果，日本人全体においては，集合的宗教性（教団所属・参拝頻度）と拡散的宗教性（祈り・加護観念）の両方がボランティア行動を規定するのに対し，非教団所属者においては，拡散的宗教性（祈り・加護観念）がボランティア行動を規定することがわかった。本章で得られた分析結果を図示したものが，図6-2である。

　本章の重要な発見は，非教団所属者のボランティア行動も宗教性によって促され，とくに拡散的宗教性によって影響を受けているという点である。日本でも，欧米での研究と同様に，私的な祈りや超越的存在への信念・経験が，直接的にボランティア行動を促すことが示された。

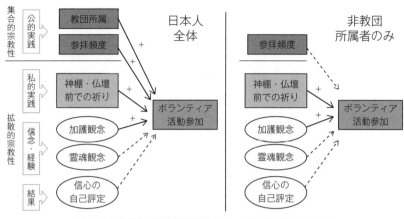

図6-2 宗教性の諸次元がボランティア行動に与える影響

　私的実践や信念・経験の次元がボランティア行動を導く理由に関しては，教団所属や（教団所属者の）参拝頻度の影響のように，ネットワークの観点からは解釈ができないものである。仏壇・神棚前での祈りの作用に関しては，頻繁に祈る人は，自分のことだけでなく自分の周囲の人びとや広く世間の人びとの幸福を願い，そうした他者に配慮する志向性がボランティア行動を促していると考えられる（Loveland et al. 2005）。また，加護観念の作用に関しては，神仏に対するおかげ様という感覚が人を謙虚にし，自分の命と同様に他者の命も尊重させるため，ボランティア活動への参加が促されると考えられる（稲場 2011b）。

　一方で，これら拡散的宗教性とボランティア行動の関連については，疑似相関の可能性も含めてより慎重に検討する必要があろう。前段落で示したように，先行研究では祈りや加護観念の影響の理由が，他者に配慮する志向性を通じて解釈されている。今回用いた調査データには，共感性を捉える変数も含まれているので，これを表6-4の2つに投入すると，たしかに共感性は有意な効果を示した。しかし，祈りや加護観念の係数は若干小さくなるにすぎず（0.01程度），依然として有意であった。また，生死に関わるような特別な経験による疑似相関も確かめるため，被災経験に関する変数の影響も確認したが，被災経験はボ

ランティア行動に有意に影響せず，祈りや加護観念の影響は有意なままだった。したがって，拡散的宗教性とボランティア行動の関連は，共感性や被災経験による疑似相関であるとはいえない。祈りや加護観念が，慎み深さのような指標になっている可能性は考えられるが，そのような態度を生み出すうえでも，神仏・先祖といった超越的な存在のイメージが重要な役割を果たしていると推測できる。

　もう1つ重要な点は，日本人全体では参拝頻度に直接的な効果が確認された一方，非教団所属者では有意な効果が認められなかった点である。このことから，日本人全体において確認された参拝頻度の効果は，日本で少数を占める教団所属者のボランティア活動への参加傾向の影響が強く出たことによってあらわれたものと考えられる。

　ではなぜ，非教団所属者では参拝頻度の影響がみられなかったのだろうか。今回の結果は，教団に所属せずボランティア活動に参加する人は，必ずしも頻繁に参拝するわけではないことを意味する。実際に調査データでは，「2～3カ月に1回以上」の頻度でボランティア活動をする非教団所属者155人のうち，「年に1回～数回」の頻度で参拝する人が128人（約83％）であった。この参拝には，初詣や墓参りなどの宗教行事への慣習的参加が含まれると考えられる。つまり非教団所属者のうち，比較的頻繁にボランティア活動をする人の大半は，慣習的な参拝以外には宗教施設にあまり行っていないということだ。そのため，非教団所属者において，ボランティア行動に対する参拝の影響が弱まったと考えられる。

　またこの結果は，非教団所属者にとって，寺社や教会がボランティア活動の場となったり，活動の機会を提供したりする中核的な役割を担ってはいない現実を反映している。非教団所属者にとって初詣や彼岸・盆の墓参りなどは，公共的な場で，時に多くの人と共におこなわれる点では"集合的"だが，人びとを強固に結びつけるわけではない"私的"実践と捉える方が適切だろう。本章では，参拝を集合的宗教性とみなしたが，非教団所属者における参拝は，祈りや加護観念と同様に，むしろ拡散的宗教性として位置づける方が現実には合っていると考えられる。

　以上のことから，これまで宗教施設のネットワーク効果を示唆していた既存

4　考　察　133

の研究に対して，解釈の修正を求めることができる。寺沢重法は，「宗教ネットワーク効果を支持する有力な指標である宗教施設参加頻度が正の関連を示していたことから，日本の宗教施設にも，社会活動への参加を促すようなネットワーク効果が存在する可能性がある」(寺沢 2012b: 67) と指摘している。しかしこれは教団所属者に対してはあてはまるが，非教団所属者に対してはあてはまるとは言いがたい。非教団所属者においては，寺社・教会でネットワークを形成しボランティア活動がなされるということは成り立ちにくいと考えられる。

では，寺社・教会は非教団所属者のボランティア行動の促進に何も寄与しないのか。たしかに寺社・教会は，非教団所属者のネットワーク形成によって直接的にボランティア行動をもたらすとはいえないが，拡散的な宗教性を豊かにするという側面で間接的にボランティア行動を促すという可能性はある。というのも，今回用いた調査データから，参拝と祈り，加護観念は相互関連していること，また，祈りや加護観念は両親の参拝と関連をもつことがわかっている[62]。このことから，寺社・教会は拡散的宗教性の醸成にいくらか寄与していると示唆される。よって，寺社・教会は人びとのネットワークを形成する社会関係資本としてではなく，私的な祈りや加護観念といった社会的態度を形成する文化資本として機能することで，市民社会の構築のために重要な役割を果たす可能性があるといえよう。

本章では，非教団所属者に注目し，宗教性の諸次元の影響を詳細に検討することで，社会のなかに潜在していたボランティア行動に対する拡散的宗教性の影響を顕在化させることができた。しかしながら，拡散的宗教性が何によって規定され，いかにボランティア行動を導くかというプロセスの内実を詳細に明らかにできてはいない。いかなる宗教的環境で育った者が祈り，加護観念を高めることで，ボランティア活動に参加するようになるのか，「社会化」の観点から，その具体的なプロセスを追究することが今後の課題である。

注

53 「diffused religion」という概念は，教会宗教を起源として，歴史的・文化的に人びとに拡散し，個人の道徳的・政治的選択の基準となっている宗教的な感覚を

指す概念として R. シプリアニなどにより提唱されている概念である（Cipriani 1984）。

54 この4つの次元の他にも，知識（knowledge）の次元が提示されている。しかし，知識は各文化圏の主流の宗教教義に依存し，また，ボランティア行動に関する先行研究で取り上げられていないことから，本書では扱わないこととした。

55 結果の次元は，宗教が与える考え方やふるまい方をどれだけ日常生活のなかでおこなえているかについて，すなわち，宗教的実践，信念，経験の結果（帰結・影響）としての宗教的献身についての次元である（Stark and Glock 1968: 16）。

56 グロックとスタークの研究では，信念の次元と経験の次元は区別されている。しかし，宗教性の諸次元に関する先行研究では，神を信ずることと感じることが混在されており，厳密に区別されないことが多い。本書で取り扱う加護観念や霊魂観念も，信念とも経験とも位置づけることが可能なため，信念・経験のように同一のものとして扱った。

57 大村は，特殊な領域に限定され，凝縮されている「特定宗教」の対照概念として，科学・文学・思想・芸術など，あらゆる領域に浸出する宗教を「拡散（遍在）宗教」と呼ぶ。「我が国の民俗宗教，並びに今にも続く『遍在宗教』を考える上で，かつて見田宗介がそう呼んだ『原恩の意識』が，いかに大切であるかは更めて言う必要もない…（中略）…これがアニミズムに由来する"おかげさま"の心情であることも言うをまたない（見田 1965）」（大村 1996: 194）と，おかげ様の心情が拡散宗教の中核的な意識であると示唆している。本書で信念・経験の次元として加護観念を用いるのは，こうした議論に基づいている。

58 非教団所属者の参拝頻度の平均値は 3.37，中央値は 3（年に 1,2 回）の 51.2% であった。

59 金児は「向宗教性」（宗教に対して肯定的な態度）（金児 1997: 202）の因子を確認しているが，本書の分析では，信仰への肯定的態度の項目と加護観念の項目が同一因子を形成した。しかし，「向宗教性は，タタリよりもオカゲの念に近接し，いわゆる宗教というものに対する日本人の総体的な姿勢を規定しているのはオカゲの念である」（金児 1997: 213）の指摘のように，今回の分析結果は不自然なものではない。また，各変数とも Cronbach's α は 0.70 を超えており，内的整合性は許容できる水準であった。

60 結果の次元の指標は，信仰の重要度を表す変数が適切だと考えられる。しかし，自己の生活・人生における信仰の重要度が高い人は，自分自身を信仰心が強いと評価すると想定できるため，信心の自己評定を用いても問題ないと判断した。

61 「大規模な災害（地震，風水害など）に被災した経験がある（5件法）」という

変数を用いた。
62　図表は省略。三谷（2014）に図表を掲載しているので，こちらを参照されたい。

第 **7** 章

どんな環境で育った人が
「ボランティアになる」のか？

はじめに

　第5章と第6章では，共感性や宗教的態度といった主観的性質が，日本人のボランティア行動に影響していることが見出された。では，こうした態度はどのような社会環境によって身につけられたものなのだろうか。

　第7章では，「社会化」の視点から，どのような社会環境が共感性や宗教的態度を育み，その結果としてボランティア行動を促しているのかに注目する。これによって，日本人のボランティア行動が，「社会化」によって形成されていくプロセスを明らかにしていこう。

1 「社会化」の視点からみるボランティア行動

1.1　ボランティア行動は学習されている？

　「誰がなぜ，ボランティアになるのか」――この問いに対して，これまでの日本での計量的なボランティア研究では，ある個人の現在における社会経済的・文化的要因とボランティア行動の関連が捉えられてきた。たとえば，第5章や第6章で取り上げた社会経済的資源や，世帯や地域の特性（福重 2010; 仁平 2008; 奥山 2009; 豊島 1998; 山内 2001; 山内・横山 2005），組織所属や友人接触などの社会関係（Matsunaga 2006; 永冨ほか 2011; Taniguchi 2010）といった要因がボランティア行動に与える影響が検討されてきた。

　しかしこれらの研究は，ボランティア行動に影響しているだろう他の要因を見落としている。ある個人がボランティア活動に参加するかどうかには，その人が今もっている資源やその人の置かれた状況だけでなく，これまでに出会ってきた人や所属した機関なども影響していると考えられよう。すなわち，ある人は過去において，将来のボランティア行動に結びつくような何らかの社会環境に身を置いていたために，現在，ボランティアになっているという可能性がある。

　こうした予想を導くのが，「社会化」の視点からボランティア行動の規定要

因を検討している先行研究である (Bekkers 2007; Brown and Lichter 2006; Janoski et al. 1998; Lay 2007; Ozmete 2011; Serow and Dreyden 1990; Son and Wilson 2011; Sundeen and Raskoff 1994; Wuthnow 1995)。これらは，過去に交流した身近な大人や学校教育といった要因が，ボランティア行動に影響することを計量分析によって確認している。ボランティア行動が学習されているということは日本人にもあてはまる可能性があるが，これまで検証されたことはない。

そこで本章では，日本人のボランティア行動が，過去に出会った身近な大人や学校教育によって学習されているのかを検討する。

1.2　ボランティア行動を促す社会化エージェントとは

家庭や学校をはじめ，人は社会のなかで育つうちにさまざまなものの影響を受けて社会の一員になっていく。社会学ではその過程を伝統的に「社会化 (socialization)」と呼んできた。

一般的な社会化プロセスは，以下のように説明される[63]。まず人は，乳幼児期から児童期にかけて身近な集団から言語や生活習慣，社会規範といった最も基本的な事柄を学習する（第1次社会化）。社会化の担い手は，乳幼児期は主に家族（とくに母親）だが，その後，次第に近隣社会や学校へと広がっていく。児童期の後期から成人期にかけては，特定の集団によって，社会的役割が学ばれる（第2次社会化）。人は，学校や職場，政党や組合といった集団のなかで，特定の社会規範や価値観などを身につけていく。

先行研究は，上記のような社会化プロセスのなかで，ボランティア行動が学習されることを示している。「社会化エージェント」（社会化の作用をもたらす人間・機関），および社会化の時期によって，先行研究は次のように整理できる。

社会化エージェント①
──身近な大人

第1に，児童期から青年期初期にかけての身近な大人との関わりが，後のボランティア行動に影響すると論じる研究がある (Bekkers 2007; Brown and Lichter 2006; Caputo 2009; Ozmete 2011; Son and Wilson 2011; Wuthnow 1995)。たとえば Wuthnow (1995) は，子どもの頃，家族や家族以外の身近な人が他者を

助けるところを「見ていない層」よりも「見ていた層」の方が,「ボランティア活動は重要である」と回答する割合が高いという調査結果を示している。Ozmete (2011) も,子どもの頃,親のボランティア活動への参加行為や援助行為を見ていた人は,成人後,コミュニティで同様の行為の担い手になる傾向にあると指摘している。[64]

また,他者を援助する大人というよりも,宗教心のある親が後のボランティア行動に影響すると論じる研究もある。Son and Wilson (2011) は,子どもの頃に親が宗教を重視していた人ほど,現在ボランティア活動に参加する傾向があることを示している。また Bekkers (2007) も,15歳時において親が宗教に参加していた人ほど,現在において,ボランティア活動に参加しやすいことを確認している。

**社会化エージェント②
──学校教育**

第2に,青年期以降に受けた特別な学校教育が,後のボランティア行動に影響すると論じる研究がある (Dill 2009; Janoski et al. 1998; Lay 2007; McFarland and Thomas 2006; Serow and Dreyden 1990; Sundeen and Raskoff 1994)。たとえば Sundeen and Raskoff (1994) は,コミュニティサービスへの関与を積極的に促す中学校や高校に通った人ほど,ボランティア活動をする傾向が高まることを示している。McFarland and Thomas (2006) も,高校生の時に課外活動で社会的サービスや政治的ディベートをおこなっていた人は,成人後にボランティアになりやすいことを確認している。この他にも,高校や大学で実施されたボランティア活動を推進するプログラムが,後のボランティア行動を促すという報告もある (Bowman et al. 2010; Griffith 2010; Henderson et al. 2007)。

また学校教育のなかでも,とりわけ宗教教育に着目した研究がある。たとえば Serow and Dreyden (1990) は,宗教的志向性の強い私立大学に通う学生は,公立大学や宗教的志向性の強くない私立大学に通う学生に比べて,コミュニティサービスにより頻繁に参加すると指摘している。[65]

このように現在のボランティア行動は,過去に身近にいた他者を援助する大人や宗教心のある親,過去に受けた他者援助を重視する学校教育や宗教教育に

よって学習されているといえる。身近な大人を通じた学習は，生まれ育った家庭や近隣地域といった社会環境によって規定される偶発的な側面をもつ学習である。それに対し学校教育を通じた学習は，教育機関において意図的に計画され，組織化された学習である。このように，身近な大人と学校とでは，それぞれ与えられる学習の性質に違いはあるが，両方とも社会化エージェントとしてボランティア行動のルーツとなりうることが示されてきた。

1.3 社会化プロセスの2つの経路

ではなぜ，身近にいた大人や学校教育によって，将来のボランティア行動は促されるのだろうか。この点に関して，社会化エージェントとボランティア行動の間を媒介する要因に着眼する先行研究（Bekkers 2007; Janoski et al. 1998; Son and Wilson 2011）が参考になる。Bekkers（2007）は，ボランティア行動の社会化プロセスには，次の2つの経路があると指摘する。

1つ目は，向社会的態度による媒介経路である。Bekkers（2007）は，親のボランティア行動と本人のボランティア行動の関連は，向社会的態度の媒介によって説明されると論じている。これと似た研究である Janoski et al.（1998）も，ボランティア活動を重視する学校教育によって，社会に対する活発性や寛大性といった向社会的態度が強まり，その結果，数年後のボランティア活動への参加が促進されるということを計量的に確認している。

2つ目は，宗教的態度による媒介経路である。Bekkers（2007）は，親が教会に行くほど子もまた教会に行きやすく，その結果，子はボランティア活動に参加しやすいことを示している。Son and Wilson（2011）も，親が宗教を重視するほど本人の宗教的態度が高まり，その結果，10年後に本人がボランティア活動に参加する傾向が高まることを報告している。

こうした先行研究から，他者を援助する大人と他者援助を重視する学校教育が向社会的態度を形成することが，また，宗教心のある親と宗教教育が宗教的態度を形成するということが予想される（図7-1）。したがって，次の4つの仮説が導かれる。

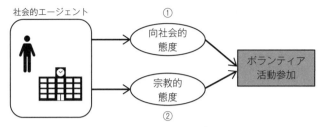

図7-1 ボランティア行動の社会化プロセスのイメージ

H1：子どもの頃に他者を援助する大人が身近にいると，向社会的態度が身につき，ボランティア活動に参加しやすくなる。
H2：子どもの頃に親が宗教参加していると，宗教的態度が身につき，ボランティア活動に参加しやすくなる。
H3：他者援助を重視する学校教育を受けると，向社会的態度が身につき，ボランティア活動に参加しやすくなる。
H4：宗教教育を受けると，宗教的態度が身につき，ボランティア活動に参加しやすくなる。

本章では上記の4つの仮説を検証するにあたり，前章までのなかで日本人のボランティア行動に影響することが認められた共感性と宗教的態度を媒介要因として設定する。これによって，いつの時期の社会化エージェントがどのように現在のボランティア行動を生みだすのかを，具体的に明らかにしていこう。

2 データと変数

2.1 データ

使用するデータは，「ボランティア活動と信仰に関する調査」によるデータ

である.この調査は,2013年1月に大阪大学大学院人間科学研究科によって実施された郵送質問紙調査である.本調査の対象者は,全国に居住する20～69歳の男女2800人である.対象者は,住民基本台帳による母集団構成比に合わせて,調査会社の郵送調査パネルから性・年代・地域・都市規模別に抽出された.本調査の有効回答数は1474人であり,有効回収率は52.6%であった.なお,本研究で用いる全項目に回答があったのが1085人であった.

2.2 変　数

被説明変数として,ボランティア活動への参加頻度を用いた.度数分布(回答割合)は,「1:したことはない」が413人(38.1%),「2:数年に1回位」が261人(24.1%),「3:1年に1～2回位」が211人(19.4%),「4:2～3カ月に1回位」が89人(8.2%),「5:月に1回以上」が110人(10.1%)であった.

社会化エージェントを表す説明変数として,ロールモデル(親・祖父母),ロールモデル(近所の人),父参拝頻度,母参拝頻度,利他性教育,宗教教育の6つを用いた.ロールモデル(親・祖父母)とロールモデル(近所の人)の2つは,子どもの頃,身近な大人が他者を助けていたかを尋ねたものであり,H1の検証に関わる.父参拝頻度と母参拝頻度は,子どもの頃,親が参拝をしていたかを尋ねたものであり,H2の検証に関わる.利他性教育は,他者援助を重視する学校教育を受けたかを尋ねたものであり,H3の検証に関わる.宗教教育は,宗教系の学校を卒業したかを尋ねたものであり,H4の検証に関わる.[66]

また媒介変数として,共感性,本人参拝頻度,加護観念の3つを用いた.共感性は,デイビスの対人的反応性指標(IRI)の菊池章夫による邦訳版(Davis 1994=1999)のうち,共感性の認知的側面として知られている「視点取得」の3項目を用いた.この共感性は,向社会的態度の指標として,H1とH3の検証に利用される.本人参拝頻度は,本人が寺社・教会で参拝をしているかを尋ねたものである.また,加護観念は,金児(1997)で用いられている項目を修正した真鍋(2008)に基づく3項目である.この本人参拝頻度と加護観念は,宗教的態度の指標として,H2とH4の検証に利用される.[67]

これらに加えて,性別,年齢,市郡規模,婚姻地位,友人接触,主観的健康,

教育年数，世帯年収，従業上の地位も統制した。これらによって，現在の社会経済的資源や人間関係などの影響を考慮しても，社会化エージェントが直接的・間接的に現在のボランティア行動に影響するのかを確認することができる。

表7-1が，分析に用いる変数の記述統計をまとめたものである。

3 分析結果

3.1 社会化エージェントとボランティア行動の相関関係

多変量解析をおこなう前に，社会化エージェントとボランティア活動参加の相関関係を把握しておこう。ここでは，順位相関係数（2つの順序カテゴリ変数同士の相関係数）であるグッドマンとクラスカルのγを確認する。これは通常の相関係数と同じく，+1が「完全な正の相関」を，0が「無相関」を，−1が「完全な負の相関」を意味する。

表7-2が，6つの社会化エージェントとボランティア活動参加の順位相関係数の一覧である。これをみると，宗教教育を除く5つの変数において，ボランティア活動参加との間に有意な正の値が確認できる。よって，親・祖父母，近所の人，両親の参拝頻度は，ボランティア活動参加と正の相関関係をもっていることがわかる。

ただしここでみた関係は，他の要因の影響を受けて見出されたものである可能性がある。よって，その他のさまざまな要因の影響を考慮した多変量解析によって，ボランティア活動参加に対する各社会化エージェントの影響をより精緻に検討する必要がある。

3.2 社会化エージェント・態度・ボランティア行動の関連

それでは多変量解析の結果を確認しよう。本章では，構造方程式モデリングという手法を用いて，他のさまざまな要因の影響を統制したうえで，社会化エ

表7-1 変数の記述統計

変数	詳細	範囲	平均	標準偏差
ボランティア活動参加	「あなたは次にあげるようなことをどの程度していますか：ボランティア活動」→1：したことはない，2：数年に1回位，3：1年に1〜2回位，4：2〜3カ月に1回位，5：月に1回以上	1-5	2.28	1.32
ロールモデル（親・祖父母）	「小さな頃，親や祖父母が人を助けるのを見て育った」→1：まったくあてはまらない，2：あまりあてはまらない，3：どちらともいえない，4：ややあてはまる，5：よくあてはまる	1-5	3.54	1.05
ロールモデル（近所の人）	「小さな頃，地域の大人が人を助けるのを見て育った」→1：まったくあてはまらない，2：あまりあてはまらない，3：どちらともいえない，4：ややあてはまる，5：よくあてはまる	1-5	3.33	1.03
父参拝頻度	「あなたが子どもの頃，お父さんは神社，寺，教会などの参拝や礼拝にどの程度行きましたか」→1：まったく行かなかった，2：年に1回も行かなかった，3：年に1, 2回，4：年に数回程度，5：月に1回，6：月に2, 3回，7：ほとんど毎週，8：毎週，9：週に数回	1-9	3.35	1.31
母参拝頻度	「あなたが子どもの頃，お母さんは神社，寺，教会などの参拝や礼拝にどの程度行きましたか」→1：まったく行かなかった，2：年に1回も行かなかった，3：年に1, 2回，4：年に数回程度，5：月に1回，6：月に2, 3回，7：ほとんど毎週，8：毎週，9：週に数回	1-9	3.59	1.42
利他性教育	「学校で，人助けの大切さを学ぶ機会があった」→1：まったくあてはまらない，2：あまりあてはまらない，3：どちらともいえない，4：ややあてはまる，5：よくあてはまる	1-5	3.42	1.00
宗教教育	「宗教系の学校を卒業した」→0：まったくあてはまらない／あまりあてはまらない，1：どちらともいえない／ややあてはまる／よくあてはまる	0-1	0.14	0.34
共感性（$\alpha=0.65$）	[e1]「物事を決めるには，みんなの反対意見をよく聞いてからにしようとする」	1-5	3.42	0.93
	[e2]「友だちのすることを理解しようとするときには，向こうから見るとどう見えるのかを想像することがある」	1-5	3.61	0.93
	[e3]「相手に腹を立てているときでも，しばらくは『相手の立場に立とう』とすることが多い」→1：まったくあてはまらない，2：あてはまらない，3：どちらともいえない，4：ややあてはまる，5：よくあてはまる	1-5	3.24	0.95

本人参拝頻度	「あなたは,神社,寺,教会などの参拝や礼拝にどの程度行きますか」→1:まったく行かない,2:年に1回も行かない,3:年に1,2回,4:年に数回程度,5:月に1回,6:月に2,3回,7:ほとんど毎週,8:毎週,9:週に数回	1-9	3.56	1.25
加護観念 (α=0.75)	[k1]「自分はなにか大きな見えない力によって『生かされている』と感じる」	-3-3	-0.11	1.79
	[k2]「何ごともなく毎日生活できることは,神仏のおかげだと思う」	-3-3	-0.30	1.77
	[k3]「信仰によって,心の安らぎを得ることができる」→-3:まったくそう思わない~0:どちらともいえない~3:まったくそう思う	-3-3	0.60	1.67
性　別	0:男性,1:女性	0-1	0.55	0.50
年　齢	20代	0-1	0.10	0.31
	30代	0-1	0.22	0.42
	40代	0-1	0.21	0.41
	50代	0-1	0.19	0.39
	60代	0-1	0.27	0.44
市郡規模	郡部	0-1	0.07	0.26
	人口15万未満市	0-1	0.31	0.46
	人口15万以上市	0-1	0.31	0.46
	21大都市	0-1	0.31	0.46
婚姻地位	0:未婚・離死別,1:既婚	0-1	0.81	0.39
友人接触	「あなたは次にあげるようなことをどの程度していますか:友人との会食や集まり」→1:まったくしていない,2:年に1回~数回,3:月に1回~3回,4:週に1回~数回,5:ほぼ毎日	1-5	2.61	0.74
主観的健康	「あなたの現在の健康状態は,いかがですか」→1:悪い,2:やや悪い,3:ふつう,4:やや良い,5:良い	1-5	3.82	1.04
教育年数	中学9年,高校12年,短大・高専14年,大学16年,大学院18年を割り当て	9-18	13.48	2.10
世帯年収	世帯年収の回答(カテゴリ)に中央値を割り当て,対数変換したもの	0-16.52	15.33	1.38
従業上の地位	常時雇用者	0-1	0.31	0.46
	非正規雇用者	0-1	0.25	0.43
	自営業主・家族従業員	0-1	0.12	0.33
	経営者・役員	0-1	0.02	0.16
	無職・学生	0-1	0.30	0.46

(注)　N=1,085。

表 7-2 順位相関係数の結果

	γ
ロールモデル（親・祖父母）	0.109**
ロールモデル（近所の人）	0.156***
父参拝頻度	0.168***
母参拝頻度	0.154***
利他性教育	0.111**
宗教教育	0.066

（注）　$N=1,085$。***$p<.001$, **$p<.01$。

ージェントと媒介要因（態度），そしてボランティア活動参加の三者の関連を推定していく。

構造方程式モデリング（Structural Equation Modeling: SEM），あるいは共分散構造分析とは，「直接観測できない潜在変数を導入し，その潜在変数と観測変数との間の因果関係を固定することにより社会現象や自然現象を理解するための統計的アプローチ」（狩野・三浦 2002: v）である。今回のように，媒介変数として用いる共感性や宗教的態度（加護観念）を因子として抽出し，これらを組み込んだ回帰分析をおこなう場合に，有効な推定手法である。

まずモデル0で，媒介要因を入れずに社会化エージェントとボランティア活動参加の関連を確認した。モデル1・2では，モデル0でボランティア行動との直接的な関連が確認された社会化エージェントに関して，「社会化エージェント→媒介要因（態度）→ボランティア活動参加」という因果モデルを推定した。

表 7-3 が，構造方程式モデリングによる推定結果である。モデルがどの程度受容できるのかは，表下に記した適合度指標で判断される。RMSEA は 0.05 以下，CFI は 0.95 前後以上であれば良いモデルとされる（狩野・三浦 2002: 141）。よって，すべてのモデルがデータをうまく説明しているといえる。

まず，モデル0を確認しよう。このモデルでは，社会化エージェントと統制変数が投入されている。社会化エージェントのうち，ロールモデル（近所の人）と母参拝頻度において，有意な正の値が確認できる。一方，その他の4つの社会化エージェントには有意な結果は得られていない。よって，さまざまな変数

表 7-3　SEM による推定結果

	モデル 0	モデル 1		モデル 2		
	ボランティア活動	ボランティア活動	共感性	ボランティア活動	宗教参加	加護観念
ロールモデル（親・祖父母）	−0.049	−0.067	0.112*	−0.081	0.122**	0.161***
ロールモデル（近所の人）	0.127**	0.107*	0.127*	0.123**	−0.019	0.079
父参拝頻度	0.056	0.013	−0.056	0.023	0.174***	0.074
母参拝頻度	0.075*	0.012	0.076	0.030	0.218***	0.142***
利他性教育	0.026	0.065	0.084*	0.026	−0.040	0.074*
宗教教育	0.016	0.063	0.025	0.005	0.050*	0.037
共感性		0.159***				
本人参拝頻度				0.153***		
加護観念				0.081*		
女性	−0.008	−0.004	−0.027	−0.024	0.035	0.137***
20 代（基準）						
30 代	0.055	0.052	0.019	0.046	0.029	0.055
40 代	0.126*	0.113*	0.083	0.103	0.055	0.180**
50 代	0.176**	0.170**	0.041	0.149**	0.079	0.186***
60 代	0.284***	0.272***	0.076	0.251***	0.120*	0.187**
郡部	0.128***	0.130***	−0.011	0.111***	0.056*	0.108***
人口 15 万未満市	0.147***	0.142***	0.031	0.134***	0.054	0.052
人口 15 万以上市	0.046	0.047	−0.006	0.036	0.048	0.031
21 大都市（基準）						
既婚	0.052	0.056	−0.026	0.064	−0.050	−0.049
友人接触	0.165***	0.162***	0.019	0.156***	0.043	0.030
主観的健康	0.079*	0.069*	0.058	0.077*	0.019	−0.016
教育年数	0.107**	0.093**	0.088*	0.104**	0.001	0.037
世帯年収	0.025	0.033	−0.051	0.034	−0.018	−0.075
常時雇用者（基準）						
非正規雇用者	−0.010	−0.003	−0.044	−0.007	−0.018	−0.010
自営業主・家族従業員	−0.031	−0.015	−0.099*	−0.034	0.030	−0.023
経営者・役員	0.017	0.025	−0.055	0.012	0.053	−0.042
無職・学生	−0.035	−0.040	0.032	−0.027	−0.036	−0.029
Intercept α						
α_1	2.779***	2.784***		3.003***		
α_2	3.392***	3.392***		3.611***		
α_3	3.993***	3.992***		4.212***		
α_4	4.366***	4.364***		4.585***		
因子負荷量		e1	0.473		k1	0.753
		e2	0.765		k2	0.820
		e3	0.642		k3	0.582
RMSEA	0.000	0.009		0.027		
CFI	1.000	0.988		0.945		
R^2	0.157	0.179	0.116	0.187	0.188	0.216

（注）　$N=1,085$。***$p<.001$, **$p<.01$, *$p<.05$。推定法は WLSMV（平均と分散調整済み重み付け最小二乗法）。数値（係数）は標準化推定値。順序プロビット回帰分析がおこなわれている。

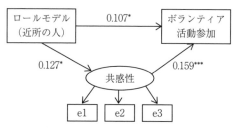

間接効果（モデル→共感性→ボラ）: 0.020*
（注）　N = 1,085。 ***$p<.001$, **$p<.01$, *$p<.05$。
　　　$CFI = 0.988$, $RMSEA = 0.009$。推定法は WLSMV。
　　　値は標準化推定値。

図 7-2　SEM によるパス図①

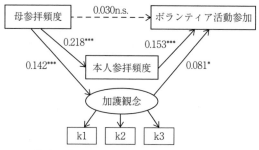

間接効果（母宗教→本人宗教→ボラ）: 0.033***
間接効果（母宗教→加護観念→ボラ）: 0.012*
（注）　N = 1,085。 ***$p<.001$, **$p<.01$, *$p<.05$。 $CFI = 0.945$, $RMSEA = 0.027$。推定法は WLSMV。値は標準化推定値。

図 7-3　SEM によるパス図②

の影響を取り除いたうえでも，子どもの頃に他者を援助する近所の人と接触していた人ほど，また，子どもの頃に母親が寺社や教会で参拝していた人ほど，現在，ボランティア活動に参加する傾向が認められる。

　モデル 0 の結果を受けて，ロールモデル（近所の人）と母参拝頻度に関する H1 と H2 について，さらに異なるモデルで推定した。モデル 1 には媒介要因である共感性を，モデル 2 には本人参拝頻度と加護観念を投入している。モデ

ル1とモデル2の結果を理解しやすくするため，推定結果をパス図として示したものが，それぞれ図7-2と図7-3である。

図7-2では，ロールモデル（近所の人）が共感性を規定するパス係数が有意であり，共感性がボランティア行動を規定するパス係数も有意となっている。共感性を媒介したロールモデル（近所の人）からボランティア活動参加への間接効果について検定をおこなった結果，5%水準で有意であった[68]。すなわち，「ロールモデル（近所の人）は共感性を形成し，ボランティア行動に影響する」という経路が成り立っている。なおこのモデルでは，ロールモデル（近所の人）からボランティア活動参加への直接効果も依然として確認できる。

次に図7-3では，母参拝頻度が本人参拝頻度を規定するパス係数が有意であり，本人参拝頻度がボランティア活動参加を規定するパス係数も有意となっている。同様に，母参拝頻度が加護観念を規定するパス係数が有意であり，加護観念がボランティア活動参加を規定するパス係数も有意となっている。これらの経路についても間接効果の検定をおこなったところ，母参拝頻度の媒介経路は0.1%水準で，加護観念の媒介経路は5%水準で有意であった。すなわち，「母親の参拝頻度は本人の参拝頻度や加護観念を形成し，ボランティア行動に影響する」という経路が成り立っている。なおこのモデルでは，母参拝頻度からボランティア行動への直接効果は有意ではない。よって，モデル0で確認された「母参拝頻度→ボランティア活動参加」の関連は，本人参拝頻度や加護観念を媒介した経路によって完全に説明されたといえる（これを，「完全なる媒介関係」という）。

以上の結果から，H1（子どもの頃に他者を援助する大人が身近にいると，向社会的態度が身につき，ボランティア活動に参加しやすくなる）と，H2（子どもの頃に親が宗教参加していると，宗教的態度が身につき，ボランティア活動に参加しやすくなる）が成立していることが明らかになった。

4 考　察
　　——どのような社会環境がボランティア行動を生みだすのか

　本章では，2013年に実施された全国調査によるデータを用いて，日本人のボランティア行動が，過去に出会った身近な大人や学校教育によって学習されているのかを検討した。その際，これらの社会化エージェントが共感性や宗教的態度を経由してボランティア行動を規定しているのかに注目した。

　主要な分析結果は以下のとおりである。第1に，子どもの頃に人助けする近所の人が身近にいた人は，現在において共感性が高い傾向にあり，そのためボランティア活動に参加しやすい。第2に，子どもの頃に母親が参拝していた人は，現在において参拝しやすく，加護観念が強い傾向にあり，そのためボランティア活動に参加しやすい。そして第3に，学校で他者援助を重視する教育や宗教教育を受けた人は，必ずしも現在ボランティア活動に参加しやすいわけではない。

　第1と第2の点について，結果を簡単に図示したものが図7-4 である。

　第1の知見である，「人助けする近所の人」の影響について考えよう。Wuthnow (1995) や Ozmete (2011) は，とくに親による社会化の影響を重視していたが，今回は人助けする親や祖父母の影響は見出されなかった。もし親や祖父母の影響があったなら，その影響には社会化だけでなく，遺伝的形質の継承という生得的側面の関与の可能性も疑われただろう。しかし，「人助けする近所の人」の場合は，対象者と血縁関係がないため，その影響は純粋に，観察することや相互交流することを通じて「学習」されたものと解釈できる。つまり，より純粋に社会化の効果とみなせる結果が得られたといえる。

　では，この「人助けする近所の人」の影響は，いったい何を意味するのだろうか。ここでは1つの可能性として，「小さな頃，地域の大人が人を助けるのを見て育った」という項目は，ある人が幼少期に住んでいた地域のソーシャル・キャピタルの豊かさを測る指標とみなせるだろう。ここでいう「地域」は，「小さな頃」に"地域"として認識できる範囲であるから，児童の日常の行動

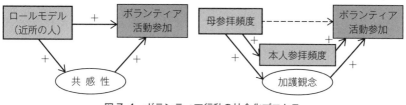

図 7-4　ボランティア行動の社会化プロセス

圏となっている小学校区ぐらいの広さではないかと推測される。幼少期に，住民同士が助け合うような人間関係が豊かな地域（校区）に居住していた人は，肯定的な回答をしたのではないか。「人助けする近所の人」が将来のボランティア行動にまで影響を及ぼすという今回の結果は，ある地域のソーシャル・キャピタルの豊かさはその地域に住む個人の社会化プロセスを経て，また新たな地域のソーシャル・キャピタルの豊かさをもたらすという可能性を示している。いわば，"ソーシャル・キャピタルの再生産"の可能性が示唆される興味深い結果である。

また，第2の「宗教的な母親」の影響に関する結果については，宗教的な父親ではなく宗教的な母親が，その子どものボランティア行動により強く影響しているという点が注目される。この父親と母親の差異の点は，Son and Wilson (2011) や Bekkers (2007) では考慮されておらず，新たな知見といえる。一方でこの結果は，父親よりも母親の方が宗教的社会化の影響が大きい（西脇・斉藤 2010: 338）という宗教心理学の知見と整合性がある。ボランティアであることは，人から「偽善者」と言われたり，重い責任を背負い心労が重なったりと，潜在的に傷つきやすい面をもっている。そのようなボランティアにとって精神的支えとなるのが，宗教が与える世界観や信仰である（稲場 2007, 2011b）。こうした精神的支えが母親から与えられるために，その子どももボランティア活動に参加しやすくなると考えられる。

第3の知見は，学校教育に関する H3 と H4 が支持されなかったことを示している。この結果から，フォーマルな領域で実施された特別な学校教育は，必ずしも現在の人びとのボランティア行動に影響するわけではないといえよう。むしろ，H1 と H2 が支持されたことから，インフォーマルな領域での近所の

人や母親との関わり合いの方が，フォーマルな領域での特別な教育よりもボランティア行動に影響を与えることが示唆される。

　ただし，教育年数は今回のモデルでも有意な効果を示している（表7-3）。さらには，「教育年数→共感性→ボランティア活動参加」という媒介経路も5％水準で有意に成り立っていた（図表は省略）。つまり，学校教育全般は，直接的にボランティア行動に影響し，向社会的態度を高めることで間接的にも影響している。利他性教育や宗教教育といった特別な教育はボランティア行動に影響しにくい一方で，高等教育を受けることは，直接的・間接的にボランティア行動を促すと理解される。

　本章では，日本人のボランティア行動が学習されていることを，全国調査データを用いてはじめて実証した。国内の研究は，主に現在の属性の影響に注目してきたのに対し，本章では社会化エージェントという要因を用いて「社会化」の視点が重要であることを示した。さらに，多様な社会化エージェントの影響を包括的に検討することで，とくに子どもの頃に接触した「人助けする近所の人」と「宗教的な母親」が，日本人の"Roots of Social Capital"（Stolle and Hooghe 2004)，すなわち「ソーシャル・キャピタル（社会関係資本）の起源」として，次世代の新たなボランティアを生み出す役割を担っているという新たな知見を得ることができた。

　ただし留意しなければならないのは，今回用いたデータが横断調査によって得られたものであるという点である。1回だけの調査で，現在の状況とともに過去の状況を思い出して答えてもらっている回顧データにすぎない。そのため調査に協力してくれた人たちは，過去の周囲の状況を，今自分がおこなっている行動に適合的なものとして回答している可能性がある。たとえば，現在ボランティア活動をしている人は，幼少期に関わった人を助ける大人に対し親密な感情を抱くため，その人の存在を思い出しやすい。一方，現在ボランティア活動をしていない人は，幼少期に周囲にいた大人が人を助ける行為は，自分の現在のおこないと不整合であるため思い出しにくい。こうした現象は，一種の「認知バイアス」である。認知バイアスとは，ある対象を評価する際，自分の希望や利害に沿った方向に選択が歪むことをいう。

しかし，もしこうした「認知バイアス」が生じているならば，ロールモデル（親・祖父母）や利他性教育など，他の社会化エージェントにも効果がみられたはずである。つまり，なぜ「人助けする近所の人」と「宗教的な母親」のみに有意な結果が得られたかについての説明がつかない。したがって，必ずしもこうしたバイアスが生じていたとはいえないため，今回の知見をある程度の事実が反映された結果として理解する立場をとりたい。

　また，今回の結果が日本の特殊事情によってもたらされた可能性があるため，さらなる研究を積み重ねることで今回の結果をより吟味する必要がある。たとえば，人助けする親や祖父母の影響がみられなかったのは，日本の家族主義の文脈が関わっている可能性がある。保守主義的なレジームに属するとされる日本では（Esping-Andersen 1990＝2001），家族が援助する相手はやはり家族・親族であることが多い。すると，親が家族・親族を助ける姿をみていた子どもは成人後，自分も同じように家族・親族を援助しやすいが，ボランティアとして非血縁者を援助するということにはなりにくいという可能性がある。その結果として，親や祖父母が他者を援助していたとしても，そのことが現在のボランティア行動に結びつかなかったと考えられる。

　またその他の点についても，日本の特殊事情からの解釈が可能である。宗教的な父親の影響がみられなかったのは，日本人の父親は子育てへの関与が比較的希薄であることが影響している可能性がある。他者援助を重視する学校教育や宗教教育の影響がみられなかったのは，日本の学校でおこなわれているボランティア教育などは，欧米の学校で実施されるものと比べて体系的・長期的でないため，学生個人への社会化効果が限定的なものになっていると推測される。

　したがって今後の研究では，「人助けする近所の人」と「宗教的な母親」の社会化効果は他の諸外国においても一般化可能なものなのか，そして他の社会化エージェント（人助けする親・祖父母，宗教的な父親，利他性教育，宗教教育）の効果は，欧米においてしかみられないものなのか，国際比較の観点からさらに追究していくことが必要だろう。

注
63　発達段階の区分はさまざまであるが，以下では児童期を小学生の時期，青年期

を中学生から20代半ばの時期, 成人期をそれ以降の時期として規定している.

64 逆にBrown and Lichter (2006) は, 幼少期に不利な立場 (貧困, 母親が低学歴) だった人は, 成人後, ボランティア活動に参加しない傾向があることを確認している. その理由として, コミュニティサービスへの参加を価値づけたり, ボランティアになる機会を早いうちに与えたりするという, 子どもたちにとってのロールモデルを親が果たしていないからと説明されている.

65 こうした研究知見に関連するものとして, 学齢期に宗教組織に参加していたことが, 成人後のボランティア行動に影響するという結果も報告されている (Perks and Haan 2011).

66 6つの説明変数のうち, 宗教教育のみ2値変数にリコードした. 調査票では5件法となっているが, 度数分布は「1:まったくあてはまらない」が83.1%を占め, 平均値1.49, 標準偏差1.19であり, 床効果がみられた. そのため,「あてはまらない」という否定的な回答 (1-2) を0とし,「どちらともいえない」を含む肯定的な回答 (3-5) を1とした. なお, このようなリコードをおこなう前後の2つの変数では, 分析結果に大きな違いはなかった.

67 ここで「宗教的態度」と呼ぶものは, 宗教的実践と宗教的信念・経験の両方を包含している. 第6章でみたように, 教団所属者にとって参拝頻度は集合的宗教性 (宗教的資源) を意味するが, 非教団所属者にとっては拡散的宗教性 (宗教的態度) を意味すると捉えることができる. よって本章では, 参拝頻度も社会化エージェントによって習得される宗教的態度の一種として取り扱う.

68 間接効果の標準誤差を算出して間接効果を検定するソベル検定をおこなった (Sobel 1982).

第8章

ボランティアを生みだす社会へ

1　分析結果のまとめ

　「誰がなぜ，ボランティアになるのか」——本書はこの問いに答えるべく，現代日本におけるボランティア行動の生起メカニズムを明らかにすることを試みてきた。具体的には，資源理論，共感理論，宗教理論，社会化理論という4つの説明理論から独自の「統合理論」を導き出し，これを分析枠組みとして，全国調査データを用いて日本人のボランティア行動の規定要因を検討した。
　第3章から第7章までに得られた分析結果は，以下のようにまとめられる。

　第3章では，社会経済的資源が，フォーマルなボランティア行動であるボランティア活動参加に与える影響を検討した。分析の結果，1990年代には，収入や学歴や職業的地位が高い人ほど参加する傾向があったのに対し，2010年代には，学歴をのぞけば社会経済的資源の影響力はほとんどみられないことが示された。ここから，近年ほど必ずしも高階層の人ほどボランティアになるわけでないということを論じた。
　第4章では，社会経済的資源が，インフォーマルな領域でおこなわれる（「ボランティア」とは呼ばれない）援助行為に与える影響を検討した。分析の結果，援助行為の担い手は低学歴層や低収入層といった社会経済的資源の少ない人たちであることが示された。ここから，高階層ではなく低階層の人びとの間で，より身近な人との互酬的な助け合いがなされていることを議論した。
　第5章では，社会経済的資源と主観的性質（共感性・宗教的態度）が，フォーマル・インフォーマルなボランティア行動（ボランティア活動参加・援助行為）に与える影響を検討した。分析の結果，ボランティア活動参加と援助行為の両方とも，社会経済的資源よりも共感性や宗教的態度によって規定されていることが示された。そのことからは，日本人のボランティア行動は，人の「心」のあり方次第で発現しているものであると示唆された。
　第6章では，第5章でみた宗教性の内実をより調べるために，宗教性の諸次

元(実践,信念,経験,結果)がボランティア行動に与える影響を検討した。分析の結果,教団に所属し,よく参拝する人ほどボランティア活動に参加しやすいこと,加えて,教団には所属していないが家で祈り,加護観念(おかげ様の気持ち)をもっている人ほどボランティア活動に参加しやすいことが示された。ここから,欧米と同様に日本においても,宗教団体は組織的にボランティアを生みだすこと,そして日本特有の文化慣習的な宗教性を身につけていることもボランティア行動を誘発することを論じた。

第7章では,ここまでにボランティア行動に影響することが認められた主観的性質が,過去に出会った社会化エージェントによって形成される可能性を検討した。分析の結果,子どもの頃に他者を援助する近所の人と接触していた人は,現在において共感性が高い傾向にあり,そのためボランティア活動に参加しやすいことが示された。また,子どもの頃に母親が頻繁に参拝していた人は,現在において自分も参拝し,加護観念が強い傾向にあり,そのためボランティア活動に参加しやすいことも示された。ここから,日本人のボランティア行動は「心」のあり方次第で発現しているというわけではなく,個人が生まれ育った社会環境(文化)のなかで必要な心性を学習し,その結果としてボランティア行動が発現していることが明らかになった。

以上の分析結果のうち,主要な結果を図示したものが図8-1である(図中の矢印は正の影響を示す)。

2 分析結果が意味すること

本書の分析結果を簡潔に述べるならば,「日本人のボランティア行動は収入や職業にほとんど制約を受けておらず,教育水準や主観的性質(共感性・宗教的態度)によって形成されている。また,その主観的性質は幼少期に接したロールモデル(人助けする近所の人・宗教的な母親)から学ばれている」となる。5つの分析章での検討を通じて,本書で提案した統合理論は,日本人のボランテ

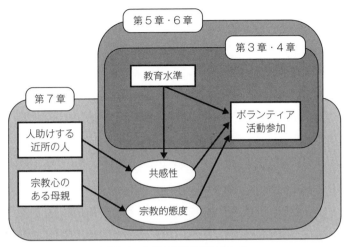

図8-1　本書の分析結果のまとめ

ィア行動が発現する仕組みをおおむね説明できることが示された。

しかしながら，分析章での考察だけでは，それぞれの分析結果が何を意味しているのかについて，議論が不十分な点がある。そこで本節では，いくつかの論点に分けて分析結果の含意をより丁寧に読み解くことで，本書の知見を明瞭にしていきたい。

2.1　なぜ高等教育はボランティア行動を促すのか

本書の分析では，一貫してフォーマルなボランティア行動（ボランティア活動参加）に対する教育水準の影響がみられた。ではなぜ，教育水準が高いことはボランティア行動を促進するのだろうか。

従来から，欧米でも日本でも多くの研究において，ボランティア行動に対する教育水準の効果が頑健だと認められてきた。この教育水準に関しては，コミュニケーションスキルや組織化する能力（Brady et al. 1995），コミュニティの問題に対する知識や関心（Wilson and Musick 1997b），参加に誘われる社会的ネットワーク（Wilson and Musick 1999），援助の必要な人への共感力（Rosenthal et

2　分析結果が意味すること　161

al. 1998),公益への献身に対する社会化された規範(Gesthuizen et al. 2008)など,さまざまな内在的・外在的な要因に還元してその効果の意味が解釈されてきた。しかしこれらの解釈は,いずれも経験的に検証されてはいなかった。

対して本書の分析結果は,教育水準の効果の意味が媒介要因によって解釈可能となっている。第7章では,教育年数が共感性に媒介されることでボランティア行動に影響するプロセスが確認された。ここで扱われた共感性は,「他者の意見をよく聞くようにする」「相手の立場に立とうとする」といった,情動的ではない認知的な側面での共感性であった。つまり,長期的に学校教育を受ける過程のなかで,他者の視点を取り入れようとする思考パターンを学習し,社会に生きるさまざまな人びととの状況や問題を捉えられるようになった結果,ボランタリーな行為が導かれた可能性がある。

さらに参考になるのが,最近報告された研究(Gesthuizen and Scheepers 2012)である。この論文は,大規模な国際比較調査データ[69]を用いて,教育年数とボランタリー組織への参加の関連を結びつける媒介要因を詳しく検討している。分析の結果,①社会経済的地位,②認知的能力(cognitive competence),③広い視野(broader horizon)によって,教育年数とボランティア行動が媒介されることが明らかにされている。具体的には,高学歴の人ほど,威信の高い職業に就きやすく,文章やデータを読み解くリテラシーが高く,多様なメディアから多くの情報を入手する傾向があるために,ボランタリー組織に参加しやすいという。[70]

教育とボランティア行動を結びつけるものとは?——認知的能力・広い視野

Gesthuizen and Scheepers(2012)が示した①社会経済的地位の媒介効果に関しては,日本人を分析対象とした本書の分析でも,職業や収入の効果を確認することでその有無を見極めることができる。前章までの分析結果で示されたのは,日本人のボランティア行動に対して,職業や収入の影響はほとんど認められないということであった。よって現代の日本人においては,高等教育を受けると安定した管理的職業や経済力を得られるためにボランティア行動を促した,と解釈することは難しいだろう。

他方，②認知的能力や③広い視野に関しては，直接的には検証できていないが，媒介機能をもっていることが十分に考えられるものである。②認知的能力に関しては，先に述べたように，本書でも認知的な共感性の媒介機能が確認されたことによって，その媒介機能が示唆されよう。また③広い視野に関しても，教育を通じて身につけられる特性として古くから議論されているものであり，重要な媒介要因である可能性がある。たとえばGabennesch（1972）やRoof（1978）は，教育を十分に受けられないことが社会に対する視野の制限をもたらすと論じている。すなわち，低学歴層が自分の周囲のネットワークのなかで物事を捉えがちなのに対し，高学歴層は，教育を十分に受ける過程で，それまで知らなかった現実の新たな次元を学び，多角的な視野から社会での出来事を捉えることが可能になるという[71]（Gabennesch 1972: 858）。
　こうした議論を踏まえると，高学歴の人がなぜボランティアになりやすいかという理由として，「認知的能力に優れ，より広い世界のことを見渡す広い視野をもっているから」という説明が成り立ちうる。[72]認知的能力や広い視野は，「市民」として社会に参画していくうえで有利に働くと考えられる。
　また，ここで注目される認知的能力や広い視野は，学校（とりわけ高等教育機関）を通じて身につけられたものであるという点が重要である。[73]教育水準は，収入や職業といった他の社会経済的資源（社会階層）とは異なり，学校教育を通じて「市民」として社会化された度合いを表す指標ともみなせるのである。吉川徹も，学歴が各種の社会意識に対して与えている直接的なはたらきの1つとして，学校教育におけるある特定の価値の伝達や，思考・発想の訓練といった「社会化」効果を挙げている（吉川 2006, 2012）。したがって，本書では当初，教育年数を資源仮説の検証のための指標としていたが，「社会化」という視点から教育水準のはたらきを捉える視点も重要だ，と考えを改めることにしたい。

教育とボランティア行動を結びつけるもう1つのメカニズム

　もう1つ，教育水準がボランティア行動と関連する理由に関して，別の説明も挙げられる。それは，「リテラシーが高く，視野が広い人がもつ『社会のことを知りたい』という欲求が満たされるという利益があるために，高学歴の人はボランティアになりやす

2　分析結果が意味すること　　163

い」という説明である。これは，教育が認知的能力や広い視野をもたらすという点に付随して想定されるメカニズムである。

　資源理論の根底には合理的選択理論の考え方，すなわち「コストが利益を上回らない場合において行為が決定される」という考え方があった。この考え方に照らし合わせると，高学歴の人は社会経済的資源が豊富なためにコストが小さく見積もられるばかりでなく，物事を多角的な視点から捉えることによって，社会の問題に関われることに快感や喜びという特別な利益を享受しやすいと考えられる。このように，コストが小さくなると同時により多くの利益を受けやすいために，教育水準の高い人はボランティアになりやすいと推測される。これは仮説にすぎないが，活動に伴う利益の面まで考慮すると，高学歴の人が頻繁に参加する別のメカニズムの可能性があることも指摘しておきたい。

2.2　なぜ収入や職業はボランティア行動に影響しないのか

　フォーマルなボランティア行動に教育水準が一貫して効果を与えていたのに対し，収入や職業といった他の社会経済的資源の影響はほとんど見出されなかった。つまり，相対的に恵まれた経済力や職業的地位をもっていても，それはボランティアになるための条件となるわけではない。

　ではなぜ，収入や職業はボランティア行動に影響しないのだろうか。なお日本でも，1990年代までは高収入層や管理職層の参加傾向が認められていた。第3章で示されたように，過去と比較して2010年代の方が，収入・職業がボランティア行動に与える影響が見出されにくくなっていた。この原因は何だろうか。

　いくつかの解釈が考えられるが，1つの可能性として，従来は高階層の人は地域社会で中核的な役割を担うことを期待される状況があったが，現在はそうした社会的圧力が弱まりつつあることが考えられる。日本でもかつては，高階層の人が自治会・町内会などの地域共同体のなかで中心的メンバーとして活動することがよくみられた。彼らの多くの場合は，純粋な参加意欲をもっていたというよりも，地域住民から有力者として認められ，推されたために地域での役目を担わなければならないという状況があったと考えられる。しかし阪神・

淡路大震災以降,「誰でもできるボランティア」観が流布され,一般の人びとにとってもボランティア活動というものが身近なものとして捉えられるようになってきた。旧来の地域組織の封建的性格を批判的に捉える見方が広がるなかで,より水平的な人間関係から成るNPOのような組織の在り方が多くの人びとに受け入れられるようにもなってきた(田中1998)。より民主的な関係性のなかでの市民参加が支持されるなかで,ボランティア活動を特権的な地位の人びとに託すという風潮が弱まってきたと推察される。こうした状況の変化が,いわば"意図せざる結果"として,富裕層の参加への社会的圧力を弱めさせてしまった可能性が考えられよう。

　他方,なぜ欧米社会では,依然として高階層の人の方がボランティアになりやすいのだろうか。本書のなかで示してきたように,欧米社会(とくにアメリカ)では,高収入や管理職の人ほどボランティアになりやすい傾向がある(Brady et al. 1995; Day and Devlin 1996; Menchik and Weisbrod 1987; Musick et al. 2000; Musick and Wilson 2007; Wilson and Musick 1997b)。この傾向は一般に,「ノブレス・オブリージュ (*noblesse oblige*)」と呼ばれる現象である。

　ノブレス・オブリージュとは,もともとはフランス語で「高貴な義務」を意味し,一般的には「貴族や資産家など財産や権力を有する者にはある種の責任が伴う」という意味を指す。言葉の由来としては,新約聖書(ルカによる福音書)の「すべて多く与えられた者は,多く求められ,多く任された者は,さらに要求される」という部分にあるとされ,ヨーロッパやアメリカなど,とくにキリスト教文化圏において浸透している考え方とされている。

　たとえば,貴族制度や社会階級によって歴史が形作られてきたイギリスでは,上流階級である王室や貴族の子弟ほど戦争や災害の最前線におもむく義務を果たすべきと考えられていた。現在でも,ウィリアム王子やキャサリン妃が孤児院などでボランティア活動をおこなうことが,一般の人びとにもごく自然の行為として受けとめられている。また,階層間の経済格差が大きいアメリカでは,巨万の富を得た経営者やハリウッド俳優などの著名人が多額の寄付をおこなったり,被災地への義捐金の送付や救援物資の手配りなどをおこなったりする光景が頻繁にみられる。

　このように欧米社会で依然として高階層の人びとが率先してボランティア活

動や寄付をおこなおうとするのは，そうすることで近代社会が維持されてきたという長い歴史があるからであろう。高階層の人びとがそうでない身分の人びとに対し「利他」的にふるまうことで身分の格差・不平等をみえにくくし，多くの市民を納得させることができた。特権階級に責任をもたせることが，社会を安定的に維持する歯車の1つになっていたと考えられる。そのはたらきを新約聖書という宗教的根拠が下支えし，そして何より，多くの先人たち（ロールモデル）による社会化が連綿と繰り返されてきたことによって，欧米社会では今でも，高階層の人びとが市民社会において役割を果たしていると考えられる。

2.3 通底している原理とは

本書の第5章と第6章では，社会経済的資源とともに，共感性や宗教的態度といった主観的性質がボランティア行動に影響するのかを検討した。その結果，教育水準という例外を除けば，社会経済的資源よりも主観的性質の方がボランティア行動により強く影響していることが認められた。つまり，客観要因よりも主観要因の方がボランティア行動を決定づけており，日本人のボランティア行動は，まさに"主意主義的な（voluntaristic）"行為であるという側面が浮き彫りになった。

しかし重要なのは，共感性や宗教的態度といった主観的性質も，個人が生まれもった生得的傾向ではなく，社会環境（文化）によって身につけられた後天的傾向であるという点である。第7章（表7-3）では，共感性は人助けをする近所の人や親・祖父母，利他性教育，そして高等教育によって強化されることが示された。また加護観念も，人助けをする親・祖父母や宗教的な母親，利他性教育によって形成されることも示された。すなわち，共感性や宗教的態度は個人がもつ生得的傾向というよりも，その人が過去に身を置いた社会環境において，他者との相互交流を通じて学習されたものなのである。

ここまでの議論を小括すると，共感性や宗教的態度にしても，先ほどの広い視野などにしても，幼少期に接した周囲の大人や高等教育機関という社会化エージェントによって獲得されたものであり，すなわち，過去に身を置いた社会環境のありようが将来のボランティア行動を左右しているのである。

一般的にボランティア行動は，個人の自由意志（自発性）によって生じていると考えられるだろう。だが実際には，ある人のボランタリーな行為は，無意識のうちにその人が過去に交流した人びとや場の空気から方向づけられ，形作られているのである。それはまさに，「ケアすることは，ダンスすることを学ぶというより歩くことを学ぶことに似ている」（Wuthnow 1995: 43）という表現にあてはまる。他者を気遣ったり，社会に思いを馳せたりする行為は，覚えようと思って覚えられるものではない。それは，ある社会環境のなかで無意識のうちに自然と身についていく行為なのだということだ。こうした「社会化」というメカニズムが，ボランティア行動を生起させる中核的な原理だといえる。

　そもそも，社会的行為の説明理論として取り上げた資源理論，共感理論，宗教理論，社会化理論のうち，前の3つは，4つ目の社会化理論と密接に絡み合うことが先行研究においても示唆されていた。たとえば社会経済的資源に関しては，教育水準の効果の意味が「広い視野」などと捉えられており，社会化効果という解釈が組み込まれていた（Gesthuizen and Scheepers 2012）。共感性に関しては，人びとの共感性のルーツは家族など身近な他者のなかに埋め込まれていると論じられていた（Eisenberg 1992）。宗教性に関しても，個人の宗教的実践や宗教的態度は宗教心のある親など，身近な他者によって伝達されると主張されていた（Bekkers 2007; Caputo 2009）。

　このように社会化理論は，ボランティア行動の生起メカニズムを説明するうえで，資源理論や共感理論や宗教理論を成り立たせる，より基層的な位置づけにある。したがって，本書で提起した統合理論は，いわば「社会化モデル」と形容できる。

　分析結果から導かれた「社会化モデル」を図示したものが図8-2である。[75]

2.4　「社会化モデル」が意味するもの

　現代日本人は，幼少期に接するロールモデルや青年期に受ける高等教育を通じて，共感性や宗教的態度等を身につける社会化のプロセスを経ることで，ボランティアになりやすくなる——これが本書で見出された命題「社会化モデル」である。

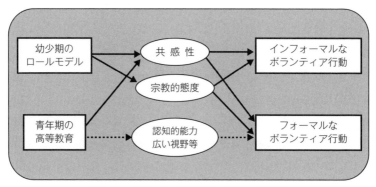

図8-2 ボランティア行動の「社会化モデル」

ボランティアを生みだす○○の正体

本書は、ボランティアを生みだす「○○」の正体を、ボランティア行動に影響する社会経済的・文化的構造のなかから探りあて、その姿を徐々に彫琢することを目指すものであった。本書における理論的検討、そして複層的な実証分析を通じてあぶりだされた「社会化モデル」こそ、○○の正体であるといえるだろう。

「社会化モデル」が意味するものは、「利他」を発動させるためには学習のための社会環境、すなわち幼少期における大人や教育機関の果たす役割が大きいということである。人間が利他的になるとき、そこにはルーツがある。そのルーツは、その人の幼少時代や青年期までさかのぼる。だから、ある人に短期間で活動的なボランティアになってもらうということは、実は簡単なことではない。むしろ子どもや青年たちに関わる大人のあり方、大人が子どもに与える環境を工夫することの方が、将来のボランティアを確実に生みだすことにつながるのだ。そうした地道な取り組みの積み重ねがボランティアリズムを潜在的に育み、次の時代の「利他」を醸成していくことを、本書が見出した「社会化モデル」は物語っている。

ボランティア研究に与える含意

このモデルが，ボランティア研究や隣接領域の研究，そして実践的問題に対して与える含意を，それぞれ分けて論じたい。

第1に，ボランティア行動が社会化によって生起するというメカニズムは，文化を超えた普遍性をもちうるという点である。本書の冒頭で，「日本人のボランティア行動が発現する仕組みは，欧米で提出された理論でも説明されるのか未だ明らかでない」と述べた。この点に対して本書の知見をもって応答するならば，「日本人のボランティア行動は，欧米で提出された理論を援用することで説明できる部分がある」と答えることができる。

欧米と日本では，隣人との付き合い方やコミュニティの形成の仕方，宗教文化，サードセクター事情に至るまで，さまざまな面で違いがある。しかし，そのような違いがあるのにもかかわらず，人が他者との相互交流や学校教育のなかで共感性や宗教的態度を身につけ，ボランティアになるように社会化されるという仕組みそれ自体は，欧米人だけでなく日本人にもあてはまることが本書で認められたのである。

現在，ボランティア研究が最も盛んな国はアメリカであるが，それ以外の国々で，アメリカで見出されたボランティア行動の規定要因（教育水準や宗教性など）が同様に説明力をもつのかを検討する研究が進められている。そして，アジア諸国や中東諸国での研究でも，欧米の研究と同じような結果が得られている。[76] 本書も，欧米の理論を東アジアの一国における人びとの行動理解のために適用し，共感性や宗教的態度が社会環境によって形成されると位置づけた社会化モデルの成立可能性を確認した。これにより，文化の違いを乗り越える，より普遍的な命題の成立を示唆した点に意義があると考える。

隣接領域の研究に与える含意

第2に，サードセクターを成り立たせる人びとの行動や意識は，社会化されうるという点である。本書が注目したのは，ボランティア行動（他者や集団に対し，自分の時間や労力を与える行為）であった。この行為に類するサードセクターでの社会的行為，すなわちボランティア行動以外の「利他」の形として，金銭を与える「寄付」，血液を与える「献血」，臓器を与える「臓器

提供」などがある。こうした諸行為については本書では扱うことができなかったが，今後はサードセクターの発展が目指されるために，これらの生起メカニズムの検討が進んでいくだろう。その際，本書が見出した社会化モデルは，理論的視座の1つになりうると考えられる。

また，ボランティア行動は，ソーシャル・キャピタルの一要素でもある。同じくソーシャル・キャピタルの構成要素とされる政治参加や知人・友人との交流，信頼感などが発現する仕組みも，本書で見出された社会化モデルによって説明される可能性がある。ボランティア行動という一行為の生起メカニズムを丹念に追究することで経験的根拠を得た「社会化モデル」が，他の類似する行為や意識の生起メカニズムを捉えるための分析視角になりうるだろう。

実践的問題に対して与える含意

第3に，今後の共助社会の担い手は，幼少期に接するロールモデルや高等教育による社会化を通じて育まれうるという点である。少子高齢化，個人化が進み，いつでもどこでも大規模な災害が起こる可能性を抱えている日本では今，「いかに人びとがボランタリーに共助できるか」という点が問われている。NPOや地縁団体といった市民団体が公共的なサービスの供給役割を担いつつあるなか，安定したサービスを維持するためには多くのボランティアが必要である。しかし現状では，多くの市民団体において人手不足が大きな悩みとなっている（全国ボランティア・市民活動振興センター編 2010）。

本書はこのような状況に対し，以下のような実践的な取り組みが，日本社会のボランティアリズムの維持や促進に寄与することを示唆する。

まず，学齢期の子どもたちと地域のボランティア・NPO関係者が交流したり，共に活動したりする環境を整備するという方策がある。たとえば，「宅幼老所」は，社会化の観点からみて良い取り組みだろう。「宅幼老所」とは，小規模で家庭的な雰囲気のなか，高齢者や子どもたちが一緒にサービスを受け，同時にケアし合う取り組みであり，近年全国的に広がっている（厚生労働省 2013）。空き教室や空き店舗，民家などを，地域での支え合い活動の拠点として活用し，それを地域住民が自分たちで運営し，高齢者と子ども，その親やボランティア・NPO関係者が継続的に交流している。このような活動のなかで，

子どもたちは高齢者と関わりをもつだけでなく，普段は知りえない地域の大人たちと交流することができる。地域での支え合い活動を実践する大人たちの姿を間近でみることで，子どもたちは将来のコミュニティづくりの主体性を自然に学び取ることができるだろう。

また，広い視野の養成を意識した学校教育も重要である。本書では，ボランティア行動に対する教育年数の頑健な影響が確かめられたが，このことは単に，より多くの人間がより長く教育を受ければいいということを意味しない。大事なのは，高等教育機関（大学）でおこなわれているような，より多角的な視点から思考することを促す学習体験を，子どもたちや青年たちに与えられるかどうかという点である。社会のなかで起きているさまざまな社会問題に対して多様な考え方ができることを学ぶ授業，自分たちとは異なる慣習や知識や信条をもつ人びとに接する多文化交流の課外活動などが，今まで気づかなかった社会の問題に気づける広い視野を涵養すると考えられる。

3 今後の課題と展望

3.1 本書の限界と課題

以上のような知見が導き出せる本書であるが，いくつかの限界と課題がある。第1に，社会化エージェントの内実のさらなる検討が必要である。本書では，現在のボランティア行動に影響を与える社会化エージェントとして，「人助けする近所の人」が見出された。ここでいう「近所」は，それほど広い地域をさすとは考えにくく，小学校区ぐらいの範囲だと推察される。よって今後は，小学校区ぐらいの近隣地域のどのような特性が，そこに居住する人びとのボランティアリズムを醸成するのかという点を追究する必要がある。近年の研究動向としても，ボランティアリズムに対する社会的文脈の影響，すなわち生態学的効果（ecological effects）に関心が高まっている（Wilson 2012）。より小さな地域単位データを用いて，地域が個人のボランティア行動に与える生態学的効果を

検討することが課題である。

　第2に,「社会化モデル」をより精緻化するためには,縦断調査研究が必要である。第7章の分析は1時点における回顧データによっておこなわれたものであった。一方,欧米での先行研究では,同一対象者に複数時点にわたって回答してもらう縦断調査データが用いられている。先行研究はこうしたデータを用いて,過去の周囲の状況や態度・行動が,現在のボランティア行動に影響しているかを厳密に分析している。第7章の考察では,過去の状況を現在の状況に適合的に回答する「認知バイアス」の影響は大きくないと判断したが,その可能性は完全に否定できない。認知バイアスを完全に取り除き,より頑健な結果を得るためには,縦断調査データによる検討が必要である。

　第3に,災害時のボランティア行動の生起メカニズムを探ることが必要である。というのも,災害時のボランティア行動と平時のボランティア行動では,その規定要因が異なることが指摘されている（山本・坂本2012）。しかし,災害ボランティア行動に特化した計量的研究は未だ少なく,検討が十分に進んでいない。筆者がおこなった最近の研究では,過去に災害に遭った際,見知らぬ他者から助けられた経験をもつ人ほど,東日本大震災での災害ボランティアになりやすい傾向があることがわかっている（三谷2015）。つまり,人から受けた恩をまた別の人に返すという「第三者への恩返し」（これを,「一般交換」という）の原理によって,災害ボランティアが生みだされているということである。本書の知見と照らし合わせれば,この結果も,災害ボランティアという社会化エージェントによって行為を学習した,社会化によるものと解釈できよう。災害ボランティア行動がやはり社会化によってもたらされるのか,それとも他のメカニズムがあるのかを探究する余地が残されている。

　第4に,ボランティア行動を国際比較するために,適切な指標の開発が必要である。本書では,日本社会では一般的な「ボランティア活動」という言葉を用いたワーディングの項目をボランティア行動の主な指標として用いた。また,インフォーマルな援助行為を捉えるために「高齢者とかかわること」という項目も用いた。こうした項目を用いて,日本人のボランティア行動を捉え,欧米人のボランティア行動の規定要因との類似性・相違性を検討することを試みた。しかしながら,そもそも被説明変数の概念自体が,国によって異なっている可

能性がある。"volunteering"という用語およびそのニュアンスは，国家間で異なり（Dekker and Halman 2003），誰を典型的なvolunteerとみなすかという認知も国ごとで異なる（Meijs et al. 2003）。また，各種の国際比較研究において，日本はアメリカやイギリス，オーストラリアといった自由主義的諸国と比べて，ボランティア行動率が低い（Hodgkinson 2003; Kang et al. 2011; Salamon et al. 2004; 桜井 2005）。このことは，日本にボランティアリズムが浸透していないと評価される一方で，指標の意味する行為範囲が日本と欧米では異なるために得られた結果だとも考えられる。つまり，欧米では"volunteering"が広範なボランタリーな行為を含むのに対し，日本における「ボランティア活動」は，狭い範囲のボランタリーな行為しか捉えられていないという可能性がある。したがって今後，海外と日本のボランティア行動の比較研究を正確におこなう際には，「ボランティア活動」という言葉では捉えられない行為を含んだ，日本人のボランタリーな時間・労力の提供行為を適切に指標化する必要がある。

3.2 ボランティアを生みだす社会へ
——後期近代における「社会化モデル」のゆくえ

　上記のように今後の課題は多いが，本書は「統合理論」による独自のアプローチによって，これまで見出されていなかった現代日本におけるボランティア行動の生起メカニズム＝「社会化モデル」を明らかにすることができた。最後に，本書の知見をもとに今後の日本社会への展望を述べたい。

　日本では「ボランティア元年」以降，ボランティアの認知度の高まりに反してボランティア人口は一向に増えておらず，多くの実践現場においてボランティア不足が課題となっている。このような状況に対し，今後に向けた根本的な方策を，本書から導き出された「社会化モデル」は教えてくれる。このモデルをじっくり眺め，社会化がうまくいっていない部分，そして今後うまくいかなさそうな部分を吟味すればいいのだ。

　たとえば，欧米であればこのモデルのなかに「ノブレス・オブリージュ」を身につける機会が含まれるだろう。経済的に余裕のある層や特権的な職業的地位をもつ人びとが社会化された結果としてボランティアになる，という経路が

あると考えられる。しかしいまの日本では，そうした地位にある人びとがボランティアになるという傾向はほとんどなく，「社会化モデル」のうちにこうした経路は見出されなかった。この「ノブレス・オブリージュ」的な部分がますます消えつつあるのが，現代日本における1つの問題といえる。一見，市民参加における階層平等性が高まった状況は，身分によらない市民社会の理想像のようだ。しかし，ボランティアが増えていない現状を考えると必ずしも歓迎すべき状況とはいえない。

　日本では近年，「プロボノ (Pro bono)」[77]のように，社会的に安定した立場にあり知識・スキルの豊かな人びとが社会貢献活動をおこなう動きがある。しかし，こうした活動は一部の人びとの間にとどまっている。このような人たちが社会化エージェントとしての役割を発揮し，周囲や社会の人びとを感化していくことが必要だろう。「偽善者」と言われることを避けるために，あるいは「陰徳を積む」という考え方をもとに，人知れず活動をする人もいるかもしれない。だが次世代への社会化の観点からいえばその必要はなく，むしろどんどん外に向かって発信してもいいと思われる。また，「社会化モデル」に示されている高等教育機関において，青年たちに「余裕のある者が社会的責任を果たす」という意識を醸成する教育の必要性が，今後はもっと強調されていいのではないだろうか（それはボランティア活動に限らず，寄付や納税といった領域での貢献にもつながるかもしれない）。ますます価値観が多様化し，自己の生き方が自らの選択にゆだねられていく今後の社会において，自己実現と共助（社会的連帯）が両立するような教育が必要になっていくと思われる。

　また「社会化モデル」では，幼少期におけるロールモデルの存在が重要であることも示された。人口減少が加速し単身世帯が増え，地域共同体の存続が危ぶまれるなかで，子どもたちが近所に住む大人たちと触れ合うことはますます難しくなっていくだろう。また世俗化が進み，超越的な存在への信奉も薄れていくと，親の宗教心がその子どもにうまく継承されにくくなっていくとも考えられる。すると，本書で見出されたロールモデルの影響力に，今後は期待できなくなるかもしれない。

　そうすると大きく問われるのは，後期近代社会においていかに地域での世代間交流や宗教的システムを維持できるかという点である[78]。NPOや先に紹介し

た宅幼老所などは、伝統的な地域共同体を代替する新たなコミュニティの場として重要なものとなっていくだろう。各宗教教団のあり方も変化を避けられず、時代の流れを読みながら現代の人びとに受け入れやすいものへと自己変革する必要がある。これまであった地域的・宗教的共同体をいかに再帰的な個人の生き方に寄り添えるものに変えていけるか、その取り組みいかんによって、次世代のボランティアリズムの発揚が左右されているといっても過言ではない。

　何も努力しなければ、時代の波にのみこまれ、ボランティアを生みだすメカニズムは機能しなくなるだろう。しかし「利他」を実践する人びとが、それぞれが生きる場所で少しずつ次世代の社会化に寄与していくことによって、これからの共助社会もまた徐々に育まれていく。そうした先に、日本が今よりもっと「ボランティアを生みだす社会」になれる未来があると信じて、本書を締めくくりたい。

注

69　International Adult Literacy Survey (IALS) による。欧米17カ国を対象とし、1994年から1998年に実施された調査であり、標本数は約4万人である。

70　さらにこの研究では、低学歴層のサイズが相対的に小さく低学歴層が孤立した国（教育水準の高い国）では、ボランティア行動と教育の関連がより強くなるという知見も、マルチレベル分析によって報告されている（Gesthuizen and Scheepers 2012）。だが、ヨーロッパ諸国のみを対象にした2004年実施の「Eurobarometer survey」のデータでは、マルチレベル分析の結果、教育水準の高い国ほど、ボランタリー組織への参加やインフォーマルな援助行為に対する教育の効果が弱くなるという逆の効果が得られている（Gesthuizen et al. 2008）。マクロな国の文脈によって教育水準の効果がいかに異なるのかについては、未だ統一的な知見は得られていない。

71　ここでいう「広い視野」とは、知的柔軟性、そして「セルフディレクション (self-direction)」の獲得ともいえる。セルフディレクションとは、権威ではなく自らの判断や基準に基づいて意思決定をする志向性である（Kohn 1977: xxxvii-xxviii）。この概念を提唱したアメリカの社会学者M. L. コーンは、教育水準がセルフディレクションに関連することを計量的に確認し（Kohn 1977: 132）、「教育は、セルフディレクティッドな価値観や志向性にとって不可欠である知的柔軟性や広い視野をもたらす」（Kohn 1977: 186）と述べている。コーンらの研究枠組

みを日本人の社会意識研究に適用した吉川は，セルフディレクションの構成要素である権威主義的態度と学歴の負の関連を報告している（吉川 1992, 1998）。すなわち，学歴が低い人ほど権威主義的態度をもつという傾向がわかっている。さらに縦断調査データの分析から，時間の経過に伴って，学歴による権威主義的態度の違いが増幅されることも確認している（吉川 2012）。つまり，日本人においても，高学歴の人ほどセルフディレクティッドな志向性をもちやすく，生涯にわたってその傾向が変わらないことが認められている。

72　本書では，「ボランティア」とは呼ばれない高齢者への援助行為に関しては，むしろネガティブな効果が認められた（第4・5章）。よってここで述べた考察は，フォーマルなボランティア行動に対するものであり，インフォーマルなボランティア行動に関しては別の解釈が必要である。解釈をするうえで，Merton（1949＝1961）による「ローカリズム（localism）」と「コスモポリティズム（cosmopolitism）」についての議論が参考になる。彼は，「ローカリスト」は彼らが属する地域を基盤として移動をせず，物理的に近接した人びとから成る小さなネットワークのなかで生きているのに対し，「コスモポリタン」はより広く見渡す視点から世界を眺め，広域の環境のなかで生きていくと論じる。教育水準の低い人ほど視野が制限される（Gabennesch 1972; Roof 1978）という議論を合わせると，彼らは，自分の生きる小さなネットワーク内の関係性を重視する「ローカリスト」だといえよう。だとすれば，教育水準の低い人びとはローカリスト志向をもつため，自分の目の行き届くネットワーク内の高齢者により配慮し，サポートを与えやすくなる，という解釈が考えられる。

73　教育水準がボランティア行動に与えるポジティブな効果は，「資源の視点（resource perspective）」と「社会化の視点（socialization perspective）」の2つから捉えることができる（Gesthuizen and Scheepers 2012; Gesthuizen et al. 2008）。

74　アメリカの社会学者 G. C. ホーマンズは，高い社会経済的地位にある人びとがその地位の適合性を確立するためにすべての側面ですぐれている行為をみせると，社会行動の一般理論に位置づけてノブレス・オブリージュを論じていた（Homans 1974＝1978）。

75　本書では，高等教育とボランティア行動の関連の媒介要因を共感性以外には見出せていない。認知的能力や広い視野が媒介するという先行研究の知見を援用し，点線の矢印をもって因果関係を表している。

76　たとえば Kim et al.（2007）は，韓国人の高齢者を対象にしたデータを用いて，教育や主観的健康，宗教属性といった，欧米で確認されている規定要因が，同じように韓国人のボランティア行動を説明することを示している。またイスラエル

の人びとを対象としたShye（2010）も，教育と宗教という二大要因によって，アラブ人やユダヤ人のボランティア行動が予測されることを認めている。
77　職業生活によって培った知識やスキル，経験を活かした専門職による社会貢献活動を指す。嵯峨（2011）などを参照されたい。
78　第1章1.3の議論を参照のこと。

文 献

安立清史, 1998, 『市民福祉の社会学――高齢化・福祉改革・NPO』ハーベスト社.
―――, 2008, 『福祉 NPO の社会学』東京大学出版会.
安積純子・岡原正幸・尾中文哉・立岩真也, 1995, 『生の技法――家と施設を出て暮らす障害者の社会学』増補改訂版, 藤原書店.
朝倉美江, 2002, 『生活福祉と生活協同組合福祉――福祉 NPO の可能性』同時代社.
朝倉美江・石川久仁子, 2007, 「歴史のなかの福祉ボランティア」三本松政之・朝倉美江編『福祉ボランティア論』有斐閣, 64-82.
渥美公秀, 2001, 『ボランティアの知――実践としてのボランティア研究』大阪大学出版会.
―――, 2007, 「災害ボランティアの動向――阪神・淡路大震災から中越地震を経て」『大阪大学大学院人間科学研究科紀要』33: 97-112.
Batson, C. D., 1991, *The Altruism Question: Toward a Social-Psychological Answer*, Lawrence Erlbaum Associates.
Batson, C. D., B. D. Duncan, P. Ackerman, T. Buckley and K. Birch, 1981, "Is Empathic Emotion a Source of Altruistic Motivation?," *Journal of Personality and Social Psychology*, 40: 290-302.
Batson, C. D., J. G. Batson, J. K. Slingsby, K. L. Harrell, H. M. Peekna and R. M. Todd, 1991, "Empathic Joy and the Empathy-Altruism Hypothesis," *Journal of Personality and Social Psychology*, 61 (3): 413-26.
Batson, C. D. and L. L. Shaw, 1991, "Evidence for Altruism: Toward a Pluralism of Prosocial Motives," *Psychological Inquiry*, 2 (2): 107-22.
Bauman, Z., 2000, *Liquid Modernity*, Polity Press. (=2001, 森田典正訳『リキッド・モダニティ――液状化する社会』大月書店.)
Beck, U., 1986, *Risikogesellschaft: Auf dem Weg in eine andere Moderne*, Suhrkamp. (=1998, 東廉・伊藤美登里訳『危険社会――新しい近代への道』法政大学出版局.)
Beck, U. and E. Beck-Gernsheim, 2002, *Individualization: Institutionalized Individualism and Its Social and Political Consequences*, Sage.
Becker, P. E. and P. H. Dhingra, 2001, "Religious Involvement and Volunteering: Impli-

cations for Civil Society," *Sociology of Religion*, 62 (3): 315-35.

Bekkers, R., 2005, "Participation in Voluntary Associations: Relations with Resources, Personality, and Political Values," *Political Psychology*, 26 (3): 439-54.

――――, 2006, "Traditional and Health-Related Philanthropy: The Role of Resources and Personality," *Social Psychology Quarterly*, 69 (4): 349-66.

――――, 2007, "Intergenerational Transmission of Volunteering," *Acta Sociologica*, 50 (2): 99-114.

――――, 2010, "Who Gives What and When? A Scenario Study of Intentions to Give Time and Money," *Social Science Research*, 39 (3): 369-81.

Bellah, R. N., R. Madsen, W. M. Sullivan, A. Swidler and S. M. Tipton, 1985, *Habits of the Heart: Individualism and Commitment in American Life*, University of California Press. (＝1991, 島薗進・中村圭志訳『心の習慣――アメリカ個人主義のゆくえ』みすず書房。)

Beveridge, W. H., 1948, *Voluntary Action: A Report on Methods of Social Advance*, George Allen and Unwin.

Bowman, N., J. Brandenberger, D. Lapsley, P. Hill and J. Quaranto, 2010, "Serving in College, Flourishing in Adulthood: Does Community Engagement During the College Years Predict Adult Well-Being?," *Applied Psychology: Health and Well-Being*, 2 (1): 14-34.

Brady, H. E., K. L. Schlozman and S. Verba, 1999, "Prospecting for Participants: Rational Expectations and the Recruitment of Political Activists," *The American Political Science Review*, 93 (1): 153-68.

Brady, H. E., S. Verba and K. L. Schlozman, 1995, "Beyond Ses: A Resource Model of Political Participation," *The American Political Science Review*, 89 (2): 271-94.

Brown, J. B. and D. T. Lichter, 2006, "Childhood Disadvantage, Adolescent Development, and Pro-Social Behavior in Early Adulthood," *Advances in Life Course Research*, 11: 149-70.

Bush, D. M. and R. G. Simmons, 1981, "Socialization Processes over the Life Course," M. Rosenberg and R. Turner eds., *Social Psychology: Sociological Perspectives*, Basic Books, 133-64.

Caputo, R. K., 2009, "Religious Capital and Intergenerational Transmission of Volunteering as Correlates of Civic Engagement," *Nonprofit and Voluntary Sector Quarterly*, 38 (6): 983-1002.

Cipriani, R., 1984, "Religion and Politics. The Italian Case: Diffused Religion," *Archives* de Sciences Sociales des Religions, 58 (1): 29-51.

Clary, E. G. and M. Snyder, 1999, "The Motivations to Volunteer: Theoretical and Practical Considerations," Current Directions in Psychological Science, 8 (5): 156-59.

Clary, E. G., M. Snyder, R. D. Ridge, J. Copeland, A. A. Stukas, J. Haugen and P. Miene, 1998, "Understanding and Assessing the Motivations of Volunteers: A Functional Approach," Journal of Personality and Social Psychology, 74 (6): 1516-30.

Cnaan, R. A., F. Handy and M. Wadsworth, 1996, "Defining Who is a Volunteer: Conceptual and Empirical Considerations," Nonprofit and Voluntary Sector Quarterly, 25 (3): 364-83.

Cnaan, R. A. and R. S. Goldberg-Glen, 1991, "Measuring Motivation to Volunteer in Human Services," The Journal of Applied Behavioral Science, 27 (3): 269-84.

Coleman, J. S., 1990, Foundations of Social Theory, Belknap Press of Harvard University Press.（＝2004/2006, 久慈利武監訳『社会理論の基礎〈上・下〉』青木書店。）

Davis, M. H., 1983a, "The Effects of Dispositional Empathy on Emotional Reactions and Helping: A Multidimensional Approach," Journal of Personality, 51 (2): 167-84.

―――, 1983b, "Empathic Concern and the Muscular Dystrophy Telethon: Empathy as a Multidimensional Construct," Personality and Social Psychology Bulletin, 9 (2): 223-29.

―――, 1983c, "Measuring Individual Differences in Empathy: Evidence for a Multidimensional Approach," Journal of Personality and Social Psychology, 44 (1): 113-26.

―――, 1994, Empathy: A Social Psychological Approach, Westview Press.（＝1999, 菊池章夫訳『共感の社会心理学――人間関係の基礎』川島書店。）

Davis, M. H., J. A. Hall and M. Meyer, 2003, "The First Year: Influences on the Satisfaction, Involvement, and Persistence of New Community Volunteers," Personality and Social Psychology Bulletin, 29 (2): 248-60.

Davis, M. H., K. V. Mitchell, J. A. Hall, J. Lothert, T. Snapp and M. Meyer, 1999, "Empathy, Expectations, and Situational Preferences: Personality Influences on the Decision to Participate in Volunteer Helping Behaviors," Journal of Personality, 67 (3): 469-503.

Day, K. M. and R. A. Devlin, 1996, "Volunteerism and Crowding out: Canadian Econometric Evidence," The Canadian Journal of Economics/Revue canadienne d'Economique, 29 (1): 37-53.

Dekker, P. and L. Halman, 2003, "Volunteering and Values: An Introduction," P. Dekker and L. Halman eds., *The Values of Volunteering: Cross-Cultural Perspectives*, Kluwer Academic/Plenum Publishers, 1-17.

Dekker, P. and A. Van Den Broek, 1998, "Civil Society in Comparative Perspective: Involvement in Voluntary Associations in North America and Western Europe," *Voluntas: International Journal of Voluntary and Nonprofit Organizations*, 9: 11-38.

DeVoe, S. E. and J. Pfeffer, 2007, "Hourly Payment and Volunteering: The Effect of Organizational Practices on Decisions about Time Use," *Academy of Management Journal*, 50 (4): 783-94.

De Waal, F., 2009, *The Age of Empathy: Nature's Lessons for a Kinder Society*, Harmony Books. (=2010, 柴田裕之訳『共感の時代へ——動物行動学が教えてくれること』紀伊國屋書店。)

Dill, J. S., 2009, "Preparing for Public Life: School Sector and the Educational Context of Lasting Citizen Formation," *Social Forces*, 87 (3): 1265-90.

DiMaggio, P. J., 1995, "Comments on 'What Theory is Not'," *Administrative Science Quarterly*, 3: 391-97.

Durkheim, É., 1897, *Le Suicide: Étude de Sociologie*, Presses Universitaires de France. (=1985, 宮島喬訳『自殺論』中央公論社。)

Einolf, C. J., 2006, "The Empathy: Altruism Hypothesis in the Real World," *Paper presented at the annual meeting of American Sociological Association*, Montreal Convention Center, Montreal, Quebec, Canada, Aug 11, 2006, 1-20.

————, 2008, "Empathic Concern and Prosocial Behaviors: A Test of Experimental Results Using Survey Data," *Social Science Research*, 37 (4): 1267-79.

————, 2011, "Gender Differences in the Correlates of Volunteering and Charitable Giving," *Nonprofit and Voluntary Sector Quarterly*, 40 (6): 1092-112.

————, 2013, "Daily Spiritual Experiences and Prosocial Behavior," *Social Indicators Research*, 110 (1): 71-87.

Eisenberg, N., 1992, *The Caring Child*, Harvard University Press. (=1995, 二宮克美・首藤敏元・宗方比佐子訳『思いやりのある子どもたち——向社会的行動の発達心理』北大路書房。)

Eisenberg, N. and P. A. Miller, 1987, "The Relation of Empathy to Prosocial and Related Behaviors," *Psychological Bulletin*, 101: 91-119.

Eisenberg, N. and R. A. Fabes, 1998, "Prosocial Development," W. Damon, R. M. Lerner and N. Eisenberg eds., *Handbook of Child Psychology, Vol. 3: Social, Emotional, and Personality Development*, 6th ed., Wiley, 701-78.

Eisenberg, N., R. A. Fabes, P. A. Miller, J. Fultz, R. Shell, R. M. Mathy and R. R. Reno, 1989, "Relation of Sympathy and Personal Distress to Prosocial Behavior: A Multimethod Study," *Journal of Personality and Social Psychology*, 57 (1): 55-66.

Eliasoph, N., 1998, *Avoiding Politics: How Americans Produce Apathy in Everyday Life*, Cambridge University Press.

Esping-Andersen, G., 1990, *The Three Worlds of Welfare Capitalism*, Princeton University Press.（=2001, 岡沢憲芙・宮本太郎訳『福祉資本主義の三つの世界——比較福祉国家の理論と動態』ミネルヴァ書房。）

Feshbach, N. D. and K. Roe, 1968, "Empathy in Six- and Seven-Year-Olds," *Child Development*, 39 (1): 133-45.

Finkelstein, M. A., 2008, "Predictors of Volunteer Time: The Changing Contributions of Motive Fulfillment and Role Identity," *Social Behavior and Personality: An International Journal*, 36 (10): 1353-64.

―――, 2010, "Individualism/Collectivism: Implications for the Volunteer Process," *Social Behavior and Personality: An International Journal*, 38 (4): 445-52.

Freeman, R. B., 1997, "Working for Nothing: The Supply of Volunteer Labor," *Journal of Labor Economics*, 15 (1): S140-66.

藤井敦史, 2002,「社会学者はボランティアをどのように語ってきたのか?」『ボランティア活動研究』11: 13-28。

深津胤房, 1979,「儒教とボランタリズム」社会福祉研究所編『ボランタリズムの思想と実践——ボランティア研究報告書』社会福祉研究所, 31-129。

福重元嗣, 2010,『家計による社会的活動の計量分析』ミネルヴァ書房。

Gabennesch, H., 1972, "Authoritarianism as World View," *American Journal of Sociology*, 77 (5): 857-75.

Gallagher, S. K., 1994, "Doing Their Share: Comparing Patterns of Help Given by Older and Younger Adults," *Journal of Marriage and Family*, 56 (3): 567-78.

Gesthuizen, M. and P. Scheepers, 2012, "Educational Differences in Volunteering in Cross-National Perspective: Individual and Contextual Explanations," *Nonprofit and Voluntary Sector Quarterly*, 41 (1): 58-81.

Gesthuizen, M., T. Van Der Meer and P. Scheepers, 2008, "Education and Dimensions of Social Capital: Do Educational Effects Differ due to Educational Expansion and Social Security Expenditure?," *European Sociological Review*, 24 (5): 617-32.

Giddings, F. H., 1897, *The Theory of Socialization: A Syllabus of Sociological Principles*, MaCmillan.

Goldthorpe, J. H. ed., 1984, *Order and Conflict in Contemporary Capitalism: Studies in the Political Economy of West European Nations*, Clarendon.（＝1987, 稲上毅ほか訳『収斂の終焉――現代西欧社会のコーポラティズムとデュアリズム』有信堂高文社。）

Griffith, J., 2010, "Community Service Among a Panel of Beginning College Students: Its Prevalence and Relationship to Having Been Required and to Supporting 'Capital'," *Nonprofit and Voluntary Sector Quarterly*, 39 (5): 884-900.

Habermas, J., 1981, *Theorie des kommunikativen Handelns*, Suhrkamp.（＝1985-1987, 河上倫逸・M. フーブリヒト・平井俊彦・藤沢賢一郎・丸山高司ほか訳『コミュニケイション的行為の理論〈上〉〈中〉〈下〉』未來社。）

――――,1990, *Strukturwandel der Öffentlichkeit: Untersuchungen zu einer Kategorie der bürgerlichen Gesellschaft*, Suhrkamp.（＝1994, 細谷貞雄・山田正行訳『公共性の構造転換――市民社会の一カテゴリーについての探究』第2版, 未來社。）

原田隆司, 2010,『ポスト・ボランティア論――日常のはざまの人間関係』ミネルヴァ書房。

Haski-Leventhal, D., 2009, "Altruism and Volunteerism: The Perceptions of Altruism in Four Disciplines and Their Impact on the Study of Volunteerism," *Journal for the Theory of Social Behaviour*, 39 (3): 271-99.

Haski-Leventhal, D. and D. Bargal, 2008, "The Volunteer Stages and Transitions Model: Organizational Socialization of Volunteers," *Human Relations*, 61 (1): 67-102.

Haski-Leventhal, D. and R. A. Cnaan, 2009, "Group Processes and Volunteering: Using Groups to Enhance Volunteerism," *Administration in Social Work*, 33 (1): 61-80.

林文, 2006,「宗教と素朴な宗教的感情」『行動計量学』33 (1): 13-24。

――――, 2010,「現代日本人にとっての信仰の有無と宗教的な心――日本人の国民性調査と国際比較調査から」『統計数理』58 (1): 39-59。

Henderson, A., S. D. Brown, S. M. Pancer and K. Ellis-Hale, 2007, "Mandated Community Service in High School and Subsequent Civic Engagement: The Case of the 'Double Cohort' in Ontario, Canada," *Journal of Youth and Adolescence*, 36 (7): 849-60.

平岡公一, 1986,「ボランティアの活動状況と意識構造――都内3地区での調査結果からの検討」『明治学院論叢』394・395: 29-61。

Hodgkinson, V. A., 2003, "Volunteering in Global Perspective," P. Dekker and L. Halman eds., *The Values of Volunteering: Cross-Cultural Perspectives*, Kluwer Academic/Plenum Publishers, 35-53.

Hoffman, M. L., 2000, *Empathy and Moral Development: Implications for Caring and Justice*, Cambridge University Press.（＝2001, 菊池章夫・二宮克美訳『共感と道徳性の発達心理学——思いやりと正義とのかかわりで』川島書店。）

Homans, G., 1974, *Social Behavior: Its Elementary Forms*, Rev. ed, Harcourt Brace.（＝1978, 橋本茂訳『社会行動——その基本形態』誠信書房。）

本間正明・出口正之編, 1996, 『ボランティア革命——大震災での経験を市民活動へ』東洋経済新報社。

Huang, J., H. M. Van Den Brink and W. Groot, 2009, "A Meta-Analysis of the Effect of Education on Social Capital," *Economics of Education Review*, 28 (4): 454-64.

Hustinx, L. and F. Lammertyn, 2003, "Collective and Reflexive Styles of Volunteering: A Sociological Modernization Perspective," *Voluntas: International Journal of Voluntary and Nonprofit Organizations*, 14: 167-87.

Hustinx, L., R. A. Cnaan and F. Handy, 2010, "Navigating Theories of Volunteering: A Hybrid Map for a Complex Phenomenon," *Journal for the Theory of Social Behaviour*, 40 (4): 410-34.

兵庫県知事公室消防防災課, 1996, 『阪神・淡路大震災——兵庫県の1年の記録』神戸大学附属図書館ホームページ（2013年4月1日取得, http://www.lib.kobe-u.ac.jp/directory/eqb/book/4-367/index.html）。

Iacoboni, M., 2009, *Mirroring People: The Science of Empathy and How We Connect with Others*, Picador.

今田高俊, 2001, 「社会学の観点から見た公私問題——支援と公共性」佐々木毅・金泰昌編『公共哲学2 公と私の社会科学』東京大学出版会, 41-70。

稲場圭信, 2007, 「宗教的利他主義とボランティア」櫻井義秀・三木英編『よくわかる宗教社会学』ミネルヴァ書房, 166-67。

————, 2011a, 「無自覚の宗教性とソーシャル・キャピタル」『宗教と社会貢献』1 (1): 3-26。

————, 2011b, 『利他主義と宗教』弘文堂。

稲月正, 1994, 「ボランティア構造化の要因分析」『季刊・社会保障研究』29 (4): 334-47。

井上真六, 1979, 「仏教とボランタリズム」社会福祉研究所編『ボランタリズムの思想と実践——ボランティア研究報告書』社会福祉研究所, 11-30。

Inouye, J. E., 2007, "Effect of Institutional Trust on Formal and Informal Volunteering," *Paper presented at the annual meeting of American Sociological Association*, Hilton New York and Sheraton New York, New York, August 11-14, 2007, 1-21.

石井研士,2007,『データブック 現代日本人の宗教』増補改訂版,新曜社.
伊藤周平,1996,「社会福祉における利用者参加——日本の福祉政策と参加の理念」社会保障研究所編『社会福祉における市民参加』東京大学出版会,41-61.
岩間暁子,2011,「ジェンダーと社会参加」斎藤友里子・三隅一人編『現代の階層社会 3 流動化のなかの社会意識』東京大学出版会,309-23.
Jackson, E. F., M. D. Bachmeier, J. R. Wood and E. A. Craft, 1995, "Volunteering and Charitable Giving: Do Religious and Associational Ties Promote Helping Behavior?," *Nonprofit and Voluntary Sector Quarterly*, 24 (1): 59-78.
Janoski, T., M. Musick and J. Wilson, 1998, "Being Volunteered? The Impact of Social Participation and Pro-Social Attitudes on Volunteering," *Sociological Forum*, 13 (3): 495-519.
Johnson, N., 1987, *The Welfare State in Transition: The Theory and Practice of Welfare Pluralism*, Wheatsheaf Books.
金子郁容,1992,『ボランティア——もうひとつの情報社会』岩波書店.
金子勇,1997,『地域福祉社会学——新しい高齢社会像』ミネルヴァ書房.
金児暁嗣,1997,『日本人の宗教性——オカゲとタタリの社会心理学』新曜社.
Kang, C., F. Handy, L. Hustinx, R. Cnaan, J. L. Brudney, D. Haski-Leventhal, K. Holmes, L. Meijs, A. B. Pessi, B. Ranade, K. Smith, N. Yamauchi and S. Zrinščak, 2011, "What Gives? Cross-National Differences in Students' Giving Behavior," *Social Science Journal*, 48 (2): 283-94.
狩野裕・三浦麻子,2002,『AMOS, EQS, CALIS によるグラフィカル多変量解析——目で見る共分散構造分析』増補版,現代数学社.
川端亮,1989,「宗教意識の構造——千里ニュータウンの調査結果から」『ソシオロジ』34 (1): 37-63.
川端亮・松谷満,2007,「量的データを用いた宗教理解の可能性」宗教社会学の会編『宗教を理解すること』創元社,185-207.
河畠修,1997,「宗教と福祉文化」一番ヶ瀬康子・河畠修・小林博・薗田碩哉編『福祉文化論』有斐閣,67-76.
川口清史,2005,「サードセクター」川口清史・田尾雅夫・新川達郎編『よくわかる NPO・ボランティア』ミネルヴァ書房,14-15.
吉川徹,1992,「現代日本社会における『自己-指令的』態度の形成要因」『年報人間科学』13: 19-34.
————,1998,『階層・教育と社会意識の形成——社会意識論の磁界』ミネルヴァ書房.

―――, 2006, 『学歴と格差・不平等――成熟する日本型学歴社会』東京大学出版会.
―――, 2011, 「階層意識の現在とゆくえ」斎藤友里子・三隅一人編『現代の階層社会3 流動化のなかの社会意識』東京大学出版会, 309-23.
―――, 2012, 「人生を通じた社会意識の学歴差」吉川徹編『長期追跡調査でみる日本人の意識変容――高度経済成長世代の仕事・家族・エイジング』ミネルヴァ書房, 33-47.
Kim, J., J. Kang, M. Lee and Y. Lee, 2007, "Volunteering Among Older People in Korea," *Journals of Gerontology Series B: Psychological Sciences and Social Sciences*, 62B (1): S69-73.
Kittay, E. F., 1999, *Love's Labor: Essays on Women, Equality and Dependency*, Routledge. (＝2010, 岡野八代・牟田和恵監訳『愛の労働あるいは依存とケアの正義論』白澤社.)
Kohn, M. L., 1977, *Class and Conformity: A Study in Values, With a Reassessment*, 2nd ed., University of Chicago Press.
Korten, D. C., 1990, *Getting to the 21st Century: Voluntary Action and the Global Agenda*, Kumarian. (＝1995, 渡辺龍也訳『NGOとボランティアの21世紀』学陽書房.)
厚生労働省, 2013, 『宅幼老所の取組』厚生労働省ホームページ (2016年8月1日取得, http://www.mhlw.go.jp/file/06-Seisakujouhou-12200000-Shakaiengokyokushougaiho kenfukushibu/0000089651.pdf).
Kulik, L., 2007, "Explaining Responses to Volunteering: An Ecological Model," *Nonprofit and Voluntary Sector Quarterly*, 36 (2): 239-55.
Lam, P., 2002, "As the Flocks Gather: How Religion Affects Voluntary Association Participation," *Journal for the Scientific Study of Religion*, 41 (3): 405-22.
Lay, J. C., 2007, "Smaller Isn't Always Better: School Size and School Participation Among Young People," *Social Science Quarterly*, 88 (3): 790-815.
Lim, C. and C. A. MacGregor, 2012, "Religion and Volunteering in Context: Disentangling the Contextual Effects of Religion on Voluntary Behavior," *American Sociological Review*, 77 (5): 747-79.
Lorentzen, H. and L. Hustinx, 2007, "Civic Involvement and Modernization," *Journal of Civil Society*, 3 (2): 101-18.
Loveland, M. T., D. Sikkink, D. J. Myers and B. Radcliff, 2005, "Private Prayer and Civic Involvement," *Journal for the Scientific Study of Religion*, 44 (1): 1-14.
Lum, T. Y. and E. Lightfoot, 2005, "The Effects of Volunteering on the Physical and

Mental Health of Older People," *Research on Aging*, 27 (1): 31-55.
Lutfey, K. and J. T. Mortimer, 2003, "Development and Socialization through the Adult Life Course," J. D. DeLamater ed., *Handbook of Social Psychology*, Kluwer Academic/Plenum Publishers, 183-202.
Maccoby, E. E., 2007, "Historical Overview of Socialization Research and Theory," J. E. Grusec and P. D. Hastings eds., *Handbook of Socialization: Theory and Research*, Guilford, 13-41.
真鍋一史, 2008, 「日本的な『宗教意識』の構造――『価値観と宗教意識』に関する全国調査の結果の分析」『関西学院大学社会学部紀要』104: 45-70。
Markham, W. T. and C. M. Bonjean, 1996, "Employment Status and the Attitudes and Behavior of Higher Status Women Volunteers, 1975 and 1992: A Case Study," *Sex Roles*, 34: 695-716.
Matsunaga, Y., 2006, "To Give, or Not to Give; To Volunteer, or Not to Volunteer, that is the Question: Evidence on Japanese Philanthropic Behavior Revealed by the JGSS-2005 Data Set,"『日本版 General Social Surveys 研究論文集』6: 69-81.
松谷満, 2008, 「アメリカを中心とした宗教の社会心理学的研究」『現代人の価値意識と宗教意識の国際比較研究――脱欧入亜の視点から』科学研究費補助金（基盤研究〔A〕）研究成果報告書, 関西学院大学, 7-17。
McFarland, D. A. and R. J. Thomas, 2006, "Bowling Young: How Youth Voluntary Associations Influence Adult Political Participation," *American Sociological Review*, 71 (3): 401-25.
McPherson, J. M. and T. Rotolo, 1996, "Testing a Dynamic Model of Social Composition: Diversity and Change in Voluntary Groups," *American Sociological Review*, 61 (2): 179-202.
Meijs, L. C. P. M., F. Handy, R. A. Cnaan, J. L. Brudney, U. Ascoli, S. Ranade, L. Hustinx, S. Weber and I. Weiss, 2003, "All in the Eyes of the Beholder? Perceptions of Volunteering across Eight Countries," P. Dekker and L. Halman eds., *The Values of Volunteering: Cross-Cultural Perspectives*, Kluwer Academic/Plenum Publishers, 19-34.
Menchik, P. L. and B. A. Weisbrod, 1987, "Volunteer Labor Supply," *Journal of Public Economics*, 32 (2): 159-83.
Merton, R. K., 1949, *Social Theory and Social Structure: Toward the Condification of Theory and Research*, Free Press of Glencoe.（=1961, 森東吾・森好夫・金沢実・中島竜太郎訳『社会理論と社会構造』みすず書房。）

Messner, M. A. and S. Bozada-Deas, 2009, "Separating the Men from the Moms: The Making of Adult Gender Segregation in Youth Sports," *Gender & Society*, 23 (1): 49-71.
三上芙美子, 1991, 「ボランティア活動の経済分析」『季刊社会保障研究』26 (4): 417-28.
三隅一人, 1997, 「ソーシャル・サポートの階層的差異について」『社会学評論』48 (1): 2-17.
見田宗介, 1965, 『現代日本の精神構造』弘文堂.
三谷はるよ, 2012, 「ボランタリー・ケアラーは誰なのか？——ボランティア的行為における "K" パターンの再検証」『フォーラム現代社会学』11: 29-40.
―――, 2013, 「ボランティア活動者の動向」桜井政成編『東日本大震災とNPO・ボランティア——市民の力はいかにして立ち現れたか』ミネルヴァ書房, 69-88.
―――, 2014, 「日本人の宗教性とボランティア行動——非教団所属者における拡散的宗教性の影響」『ソシオロジ』58 (3): 3-18.
―――, 2015「一般交換としての震災ボランティア——『被災地のリレー』現象に関する実証分析」『理論と方法』30 (1): 69-83.
宮垣元, 2003, 『ヒューマンサービスと信頼——福祉NPOの理論と実証』慶應義塾大学出版会.
森定玲子, 1997, 「社会政策の展開とボランティア活動——T. H. マーシャルをてがかりにして」『大阪大学人間科学部紀要』23: 185-203.
森下正康, 1990, 「幼児の共感性が援助行動のモデリングにおよぼす効果」『教育心理学研究』38 (2): 174-81.
Musick, M. A. and J. Wilson, 2003, "Volunteering and Depression: The Role of Psychological and Social Resources in Different Age Groups," *Social Science & Medicine*, 56: 259-69.
Musick, M. A. and J. Wilson, 2007, *Volunteers: A Social Profile*, Indiana University Press.
Musick, M. A., J. Wilson and W. B. Bynum, 2000, "Race and Formal Volunteering: The Differential Effects of Class and Religion," *Social Forces*, 78 (4): 1539-70.
永江誠司, 2004, 『脳と発達の心理学——脳を育み心を育てる』ブレーン出版.
永冨聡・石田祐・小藪明生・稲葉陽二, 2011, 「地縁的な活動の参加促進要因——個票データを用いた定量分析」『ノンプロフィット・レビュー』11 (1): 11-20.
中井美樹・赤池麻由子, 2000, 「市場参加／社会参加」盛山和夫編『日本の階層システム4 ジェンダー・市場・家族』東京大学出版会, 111-31.

中野敏男，1999，「ボランティア動員型市民社会論の陥穽」『現代思想』27（5）: 72-93。
仁平典宏，2003，「『ボランティア』とは誰か——参加に関する市民社会論的前提の再検討」『ソシオロジ』48（1）: 93-109。
────，2008,「『参加型市民社会』の階層的・政治的布置——『階層化』と『保守化』の交点で」土場学編『2005 年 SSM 調査シリーズ 7 公共性と格差』2005 年 SSM 調査研究会，189-210。
────，2011a,『「ボランティア」の誕生と終焉——〈贈与のパラドックス〉の知識社会学』名古屋大学出版会。
────，2011b,「階層化／保守化のなかの『参加型市民社会』——ネオリベラリズムとの関係をめぐって」斎藤友里子・三隅一人編『現代の階層社会 3 流動化のなかの社会意識』東京大学出版会，309-23。
日本地域福祉学会地域福祉史研究会編，1993,『地域福祉史序説——地域福祉の形成と展開』中央法規出版。
西脇良・斉藤耕二，2010,「宗教性の社会化」菊池章夫・二宮克美・堀毛一也・斎藤耕二編『社会化の心理学／ハンドブック——人間形成への多様な接近』川島書店，331-51。
西山志保，2007,『ボランティア活動の論理——ボランタリズムとサブシステンス』改訂版，東信堂。
似田貝香門編，2008,『自立支援の実践知——阪神・淡路大震災と共同・市民社会』東信堂。
O'Connell, A. A., 2006, *Logistic Regression Models for Ordinal Response Variables*, Thousand Oaks: Sage.
OECD, 2009, "Volunteering and Social Support," *OECD Factbook 2009: Economic, Environmental and Social Statistics,* OECD Publishing（http://dx.doi.org/10.1787/factbook-2009-en, 2015.9.1.）．
Ohmer, M. L., 2007, "Citizen Participation in Neighborhood Organizations and Its Relationship to Volunteers' Self- and Collective Efficacy and Sense of Community," *Social Work Research*, 31（2）: 109-20.
岡本栄一，2002,「21 世紀福祉社会とボランタリズム」阿部志郎・右田紀久恵・宮田和明・松井二郎編『講座戦後社会福祉の総括と 21 世紀への展望 2 思想と理論』ドメス出版，243-72。
岡本仁宏，2001,「市民社会，ボランティア，政府」立木茂雄編『ボランティアと市民社会——公共性は市民が紡ぎ出す』増補版，晃洋書房，91-118。
奥山尚子，2009,「地域ボランティア活動の決定要因——JGSS-2006 を用いた実証分析」

『日本版総合的社会調査共同研究拠点研究論文集』9: 107-22。
Omoto, A. M. and M. Snyder, 2002, "Considerations of Community――The Context and Process of Volunteerism," *American Behavioral Scientist*, 45 (5): 846-67.
大江篤志, 2010, 「社会化概念再考」菊池章夫・二宮克美・堀毛一也・斎藤耕二編『社会化の心理学／ハンドブック――人間形成への多様な接近』川島書店, 3-18。
大熊一夫・竹端寛・斉藤弥生, 2001, 「福祉の現場のボランティア」内海成治編『ボランティア学のすすめ』昭和堂, 142-86。
大村英昭, 1996, 「宗教社会学の現状と課題――プロ宗教の終焉」井上俊・上野千鶴子・大澤真幸・見田宗介・吉見俊哉編『岩波講座現代社会学7〈聖なるもの／呪われたもの〉の社会学』岩波書店, 179-201。
大阪ボランティア協会編, 1981, 『ボランティア――参加する福祉』ミネルヴァ書房。
Ozmete, E., 2011, "Building Social Capital in Micro Environment: The Family, Attachment Theory and Socialization," *Nurture: Journal of Pakistan Home Economics Association*, 5 (1): 1-7.
Parsons, T., 1951, *The Social System*, Routledge & Kegan Paul. (=1974, 佐藤勉訳『社会体系論』青木書店。)
Pearce, J. L., 1993, *Volunteers: The Organizational Behavior of Unpaid Workers*, Routledge.
Penner, L. A., 2002, "Dispositional and Organizational Influences on Sustained Volunteerism: An Interactionist Perspective," *Journal of Social Issues*, 58 (3): 447-67.
――――, 2004, "Volunteerism and Social Problems: Making Things Better or Worse?," *Journal of Social Issues*, 60 (3): 645-66.
Penner, L. A. and M. A. Finkelstein, 1998, "Dispositional and Structural Determinants of Volunteerism," *Journal of Personality and Social Psychology*, 74 (2): 525-37.
Perks, T. and M. Haan, 2011, "Youth Religious Involvement and Adult Community Participation: Do Levels of Youth Religious Involvement Matter?," *Nonprofit and Voluntary Sector Quarterly*, 40 (1): 107-29.
Pestoff, V. A., 1998, *Beyond the Market and State: Social Enterprise and Civil Democracy in a Welfare Society*, Ashgate. (=2000, 藤田暁男・川口清史・石塚秀雄・北島健一・的場信樹訳『福祉社会と市民民主主義――協同組合と社会的企業の役割』日本経済評論社。)
Pho, Y. H., 2008, "The Value of Volunteer Labor and the Factors Influencing Participation: Evidence for the United States from 2002 through 2005," *Review of Income and Wealth*, 54 (2): 220-36.

Putnam, R. D., 1993, *Making Democracy Work: Civic Traditions in Modern Italy*, Princeton University Press.（＝2001，河田潤一訳『哲学する民主主義——伝統と改革の市民的構造』NTT 出版。）

―――, 2000, *Bowling Alone: The Collapse and Revival of American Community*, Simon & Schuster.（＝2006，柴内康文訳『孤独なボウリング——米国コミュニティの崩壊と再生』柏書房。）

Reitsma, J., P. Scheepers and M. T. Grotenhuis, 2006, "Dimensions of Individual Religiosity and Charity: Cross-National Effect Differences in European Countries?," *Review of Religious Research*, 47 (4): 347-62.

Robson, W. A., 1976, *Welfare State and Welfare Society: Illusion and Reality*, George Allen and Unwin.（＝1980，辻清明・星野信也訳『福祉国家と福祉社会——幻想と現実』東京大学出版会。）

Roof, W. C., 1978, *Community and Commitment: Religious Plausibility in a Liberal Protestant Church*, Elsevier.

Rosenthal, S., C. Feiring and M. Lewis, 1998, "Political Volunteering From Late Adolescence to Young Adulthood: Patterns and Predictors," *Journal of Social Issues*, 54 (3): 477-93.

Rosol, M., 2012, "Community Volunteering as Neoliberal Strategy? Green Space Production in Berlin," *Antipode*, 44 (1): 239-57.

Ruiter, S. and N. D. De Graaf, 2006, "National Context, Religiosity, and Volunteering: Results from 53 Countries," *American Sociological Review*, 71 (2): 191-210.

嵯峨生馬，2011，『プロボノ——新しい社会貢献 新しい働き方』勁草書房。

斉藤弥生，2003，「スウェーデンにおける介護サービス供給の多元化に関する研究——社会的企業と福祉トライアングルモデル」『日本の地域福祉』17: 23-35。

桜井政成，2005，「NPO の国際比較」川口清史・田尾雅夫・新川達郎編『よくわかる NPO・ボランティア』ミネルヴァ書房，18-21。

桜井茂男，1994，「多次元共感測定尺度の構造と性格特性との関係」『奈良教育大学教育研究所紀要』30: 125-32。

Salamon, L. M., S. W. Sokolowski and Associates, 2004, *Global Civil Society: Dimensions of the Nonprofit Sector*, Vol. 2, Kumarian Press.

佐藤恵，2010，『自立と支援の社会学——阪神大震災とボランティア』東信堂。

佐藤慶幸，1986，「ボランティア活動の本質と理念」小笠原慶彰・早瀬昇編『ボランティア活動の理論 2 活動文献資料集』大阪ボランティア協会，168-74。

────，1994，『アソシエーションの社会学——行為論の展開』新装版，早稲田大学出版部．

────，1999，「ボランタリズムとボランタリー・アソシエーション」『現代社会学講義』有斐閣，156-79．

澤田瑞也，1992，『共感の心理学——そのメカニズムと発達』世界思想社．

盛山和夫，1997，「合理的選択理論」井上俊・上野千鶴子・大澤真幸・見田宗介・吉見俊哉編『岩波講座現代社会学別巻 現代社会学の理論と方法』岩波書店，137-56．

関嘉寛，2008，『ボランティアからひろがる公共空間』梓出版社．

Serow, R. C. and J. I. Dreyden, 1990, "Community Service among College and University Students: Individual and Institutional Relationships," *Adolescence*, 25 (99): 553-66.

渋谷敦司，1990，「在宅福祉ボランティア活動と女性労働問題」『賃金と社会保障』1036: 24-32．

島薗進，2012，「宗教」大澤真幸・吉見俊哉・鷲田清一・見田宗介編『現代社会学事典』弘文堂，621-23．

Shye, S., 2010, "The Motivation to Volunteer: A Systemic Quality of Life Theory," *Social Indicators Research*, 98 (2): 183-200.

Simmel, G., 1908, *Soziologie: Untersuchungen über die Formen der Vergesellschaftung*, Duncker & Humblot．(＝1994，居安正訳『社会学——社会化の諸形式についての研究〈上〉〈下〉』白水社．)

Smith, B., S. Shue, J. L. Vest and J. Villarreal, 1999, *Philanthropy in Communities of Color*, Indiana University Press.

Smith, B. G. and R. Stark, 2009, *Religious Attendance Relates to Generosity Worldwide: Religious and the Secular More Charitable if They Attend Services*, Gallup Poll News Service (Retrieved May 1, 2013, http://www.gallup.com/poll/122807/religious-attendance-relates-generosity-worldwide.aspx, 2013. 5. 1).

Smith, D. H., 1994, "Determinants of Voluntary Association Participation and Volunteering," *Nonprofit and Voluntary Sector Quarterly*, 23 (3): 243-63.

Smith, D. H., R. A. Stebbins and M. A. Dover, 2006, *A Dictionary of Nonprofit Terms and Concepts: Philanthropic and Nonprofit Studies*, Indiana University Press.

Smith, T. W., 2006, *Altruism and Empathy in America: Trends and Correlates*, National Opinion Research Center, University of Chicago.

Smith, T. W. and J. Kim, 2004, "Empathy, Altruism and Religion," *Paper presented at the annual meeting of American Sociological Association*, Hilton San Francisco &

Renaissance Parc 55 Hotel, San Francisco, Aug 14, 2004, 1-51.

Sobel, M. E., 1982, "Asymptotic Confidence Intervals for Indirect Effects in Structural Equation Models," *Sociological Methodology*, 13: 290-312.

Solnit, R., 2009, *A Paradise Built in Hell: The Extraordinary Communities That Arise in Disaster*, Viking. (=2010, 高月園子訳『災害ユートピア——なぜそのとき特別な共同体が立ち上がるのか』亜紀書房。)

Son, J. and J. Wilson, 2011, "Generativity and Volunteering," *Sociological Forum*, 26 (3): 644-67.

総務省統計局, 1997,『平成 8 年社会生活基本調査 結果の要約』統計局ホームページ (2012 年 5 月 1 日取得, http://www.stat.go.jp/data/shakai/1996/2.htm)。

――――, 2007,『平成 18 年社会生活基本調査』統計局ホームページ (2010 年 12 月 1 日取得, http://www.stat.go.jp/data/shakai/2006/gaiyou.htm)。

――――, 2011,『平成 22 年国勢調査人口等基本集計結果』統計局ホームページ (2013 年 5 月 1 日取得, http://www.stat.go.jp/data/kokusei/2010/kihon1/pdf/youyaku.pdf)。

――――, 2012,『平成 23 年社会生活基本調査』統計局ホームページ (2013 年 5 月 1 日取得, http://www.stat.go.jp/data/shakai/2011/index.htm)。

Stark, R. and C. Y. Glock, 1968, *American Piety: The Nature of Religious Commitment*, University of California Press.

Stolle, D. and M. Hooghe, 2004, "The Roots of Social Capital: Attitudinal and Network Mechanisms in the Relation between Youth and Adult Indicators of Social Capital," *Acta Politica*, 39 (4): 422-41.

Stürmer, S., B. Siem, M. Snyder and A. Kropp, 2006, "Empathy-Motivated Helping: The Moderating Role of Group Membership," *Personality and Social Psychology Bulletin*, 32 (7): 943-56.

Sundeen, R. A. and S. A. Raskoff, 1994, "Volunteering Among Teenagers in the United States," *Nonprofit and Voluntary Sector Quarterly*, 23: 383-403.

鈴木広, 1987,「ヴォランティア的行為における"K"パターンについて——福祉社会学的例解の素描」『哲学年報』46: 13-32。

――――, 2001,「ボランティア的行為における"K"パターンの解読」鈴木広監修・木下謙治・小川全夫編『家族・福祉社会学の現在』ミネルヴァ書房, 274-94。

鈴木有美・木野和代, 2008,「多次元共感性尺度 (MES) の作成——自己指向・他者指向の弁別に焦点を当てて」『教育心理学研究』56 (4): 487-97。

高野和良, 1994,「都市地域社会とボランティア活動」『季刊・社会保障研究』29 (4):

348-58。
―――, 1996,「ボランティア活動の構造――担い手とクライエントの実証分析」社会保障研究所編『社会福祉における市民参加』東京大学出版会, 103-28。
武川正吾, 1996,「社会政策における参加」社会保障研究所編『社会福祉における市民参加』東京大学出版会, 7-40。
―――, 1999a,『福祉社会の社会政策――続・福祉国家と市民社会』法律文化社。
―――, 1999b,「福祉社会」庄司洋子・木下康仁・武川正吾・藤村正之編『福祉社会事典』弘文堂, 847-62。
―――, 2010,「福祉国家と福祉社会」日本社会学会社会学事典刊行委員会編『社会学事典』丸善, 310-11。
田中尚輝, 1994,『高齢化時代のボランティア』岩波書店。
―――, 1998,『ボランティアの時代――NPOが社会を変える』岩波書店。
谷口文章, 1979,「アダム・スミスの共感について――『道徳感情論』をめぐって」『待兼山論叢』13: 5-21。
Taniguchi, H., 2006, "Men's and Women's Volunteering: Gender Differences in the Effects of Employment and Family Characteristics," *Nonprofit and Voluntary Sector Quarterly*, 35 (1): 83-101.
―――, 2010, "Who Are Volunteers in Japan?," *Nonprofit and Voluntary Sector Quarterly*, 39 (1): 161-79.
Taniguchi, H. and L. Thomas, 2011, "The Influences of Religious Attitudes on Volunteering," *Voluntas: International Journal of Voluntary and Nonprofit Organizations*, 22 (2): 335-55.
太郎丸博, 2005,『人文・社会科学のためのカテゴリカル・データ解析入門』ナカニシヤ出版。
―――, 2010,「合理的選択理論――オルソン他」日本社会学会社会学事典刊行委員会編『社会学事典』丸善, 310-11。
寺沢重法, 2012a,「現代日本における宗教とボランティア活動――JGSS（日本版General Social Surveys）の計量分析から」『次世代人文社会研究』8: 207-26。
―――, 2012b,「宗教参加と社会活動」『現代社会学研究』25: 55-72。
―――, 2013,「現代日本における宗教と社会活動――JGSS累積データ2000～2002の分析から」『日本版総合的社会調査共同研究拠点研究論文集』13: 129-40。
Themudo, N. S., 2009, "Gender and the Nonprofit Sector," *Nonprofit and Voluntary Sector Quarterly*, 38 (4): 663-83.
Thoits, P. A. and L. N. Hewitt, 2001, "Volunteer Work and Well-Being," *Journal of*

Health and Social Behavior, 42 (2): 115-31.
登張真稲, 2000, 「多次元的視点に基づく共感性研究の展望」『性格心理学研究』9 (1): 36-51。
―――, 2008, 「多次元的共感性尺度の確認的因子分析と向社会的行動尺度との関係」『日本パーソナリティ心理学会大会発表論文集』17: 116-17。
富永健一, 1995, 『社会学講義――人と社会の学』中央公論社。
統計数理研究所国民性調査委員会, 2009, 『国民性の研究 第 12 次全国調査――2008 年全国調査』統計数理研究所。
豊島慎一郎, 1998, 「社会参加にみる階層分化――社会階層と社会的活動」片瀬一男編『1995 年 SSM 調査シリーズ 7 政治意識の現在』1995 年 SSM 調査研究会, 151-78。
―――, 2000, 「社会的活動」高坂健次編『日本の階層システム 6 階層社会から新しい市民社会へ』東京大学出版会, 143-59。
―――, 2012, 「『社会階層と社会参加』再考」『大分大学経済論集』63 (5・6): 51-74。
津止正敏, 2009, 「ボランティア・コミュニティ――地域福祉臨床の視点」津止正敏・斎藤真緒・桜井政成『ボランティアの臨床社会学――あいまいさに潜む「未来」』クリエイツかもがわ, 150-77。
津止正敏・斎藤真緒・桜井政成, 2009, 『ボランティアの臨床社会学――あいまいさに潜む「未来」』クリエイツかもがわ。
筒井淳也, 2011, 「親との関係良好性はどのように決まるか――NFRJ 個票データへのマルチレベル分析の適用」『社会学評論』62 (3): 301-18。
筒井淳也・平井裕久・水落正明・秋吉美都・坂本和靖・福田亘孝, 2011, 『Stata で計量経済学入門』第 2 版, ミネルヴァ書房。
筒井のり子, 1997, 「ボランティア活動の歩み――私たちの社会とボランティア」巡静一・早瀬昇編『基礎から学ぶボランティアの理論と実際』中央法規出版, 20-34。
Vaisey, S., 2009, "Motivation and Justification: A Dual-Process Model of Culture in Action," *American Journal of Sociology*, 114 (6): 1675-715.
Van Tienen, M., P. Scheepers, J. Reitsma and H. Schilderman, 2011, "The Role of Religiosity for Formal and Informal Volunteering in the Netherlands," *Voluntas: International Journal of Voluntary and Nonprofit Organizations*, 22 (3): 365-89.
Van Willigen, M., 2000, "Differential Benefits of Volunteering across the Life Course," *Journals of Gerontology Series B: Psychological Sciences and Social Sciences*, 55 (5): S308-18.
Voicu, B. and M. Voicu, 2009, "Volunteers and Volunteering in Central and Eastern Europe," *Sociológia*, 41 (6): 539-63.

Warner, W. L. and P. S. Lunt, 1941, *The Social Life of a Modern Community*, Yale University Press.

早稲田大学社会科学研究所都市研究部会編, 1996, 『阪神・淡路大震災における災害ボランティア活動』早稲田大学社会科学研究所.

Weber, M., 1904, "Die protestantische Ethik und der »Geist« des Kapitalismus," *Gesammelte Aufsätze zur Religionssoziologie I*, J.C.B. Mohr. (＝1989, 大塚久雄訳『プロテスタンティズムの倫理と資本主義の精神』岩波書店.)

Wilensky, H. L., 1975, *The Welfare State and Equality: Structural and Ideological Roots of Public Expenditures*, University of California Press. (＝1984, 下平好博訳『福祉国家と平等――公共支出の構造的・イデオロギー的起源』木鐸社.)

Wilhelm, M. O. and R. Bekkers, 2010, "Helping Behavior, Dispositional Empathic Concern, and the Principle of Care," *Social Psychology Quarterly*, 73 (1): 11-32.

Wilson, J., 2000, "Volunteering," *Annual Review of Sociology*, 26: 215-40.

―――, 2012, "Volunteerism Research: A Review Essay," *Nonprofit and Voluntary Sector Quarterly*, 41 (2): 176-212.

Wilson, J. and M. A. Musick, 1997a, "Who Cares? Toward an Integrated Theory of Volunteer Work," *American Sociological Review*, 62 (5): 694-713.

Wilson, J. and M. A. Musick, 1997b, "Work and Volunteering: The Long Arm of the Job," *Social Forces*, 76 (1): 251-72.

Wilson, J. and M. A. Musick, 1999, "Attachment to Volunteering," *Sociological Forum*, 14: 243-72.

Wilson, J. and T. Janoski, 1995, "The Contribution of Religion to Volunteer Work," *Sociology of Religion*, 56 (2): 137-52.

Wuthnow, R., 1991, *Acts of Compassion: Caring for Others and Helping Ourselves*, Princeton, Princeton University Press.

―――, 1995, *Learning to Care: Elementary Kindness in an Age of Indifference*, Oxford University Press.

―――, 1998, *Loose Connections: Joining Together in America's Fragmented Communities*, Harvard University Press.

山田昌弘, 2004, 「家族の個人化」『社会学評論』54 (4): 341-54.

―――, 2005, 『迷走する家族――戦後家族モデルの形成と解体』有斐閣.

山口定, 2004, 『市民社会論――歴史的遺産と新展開』有斐閣.

山本勲・坂本和靖, 2012, 「震災ボランティア活動参加の決定メカニズム」『KEIO/KYOTO GLOBAL COE DISCUSSION PAPER SERIES』DP2011-031: 1-27.

山下祐介・菅磨志保，2002，『震災ボランティアの社会学――「ボランティア＝NPO」社会の可能性』ミネルヴァ書房。

山内直人，2001，「ボランティアの経済学」内海成治編『ボランティア学のすすめ』昭和堂，188-211。

山内直人・横山重宏，2005，「日本人の寄付・ボランティア行動に関する計量分析」『大阪大学経済学』54（4）: 407-20。

吉田久一，1986，「仏教とボランタリズム」小笠原慶彰・早瀬昇編『ボランティア活動の理論2 活動文献資料集』大阪ボランティア協会，59-77。

吉岡洋子，2002，「スウェーデンの高齢者福祉分野におけるボランティア活動――ベクショー市でのフィールドワーク報告」『Syn. The Bulletin of Bolunteer Studies』3: 261-74。

―――，2008，「スウェーデンの非営利セクターと福祉に関する研究――その変遷における意義と役割」『大阪大学大学院人間科学研究科紀要』34: 77-98。

全国ボランティア・市民活動振興センター編，2010，『全国ボランティア活動実態調査報告書』全国社会福祉協議会。

初出一覧

第 3 章

三谷はるよ，2014，「『市民活動参加者の脱階層化』命題の検証――1995 年と 2010 年の全国調査データによる時点間比較分析」『社会学評論』日本社会学会，第 65 巻第 1 号（第 257 号），32-46。

第 4 章

三谷はるよ，2012，「ボランタリー・ケアラーは誰なのか？――ボランティア的行為における"K"パターンの再検証」『フォーラム現代社会学』関西社会学会，第 11 号，29-40。

第 5 章

Mitani, Haruyo, 2014, "Influences of Resources and Subjective Dispositions on Formal and Informal Volunteering," *Voluntas: International Journal of Voluntary and Nonprofit Organizations*, International Society for Third-Sector Research, Vol. 25, No. 4, 1022-40.

第 6 章

三谷はるよ，2014，「日本人の宗教性とボランティア行動――非教団所属者における拡散的宗教性の影響」『ソシオロジ』社会学研究会，第 58 巻第 3 号（第 179 号），3-18。

第 7 章

三谷はるよ，2013，「市民参加は学習の帰結か？――ボランティア行動の社会化プロセス」『ノンプロフィット・レビュー』日本 NPO 学会，第 13 巻第 2 号，37-46。

あとがき

　どうして人は，人のためになるようなことをするのか——これは，筆者が物心ついた頃から抱いていた素朴な疑問である。教会に生まれ育ち，毎日のおつとめのなかで人助けの大切さを説かれ，「利他」のシャワーを浴びるような，ある種特殊な生育環境であった。といっても筆者自身は「利他」に充ちた人間になったというわけではなく，むしろ，自己中心的な自分を振り返っては，ボランティア活動に熱心な人たちなど，市井の利他的な人たちの姿にいつも疑問を感じていた。

　どうして人は，人のためになるようなことをするのか。彼女・彼らの行動を生みだしているのは何だろう。それを知りたい——そんな"思い"が，ずっと頭の片隅にあったように思う。

　大阪大学大学院人間科学研究科に進学し，学術研究としてその"思い"に向き合えたことは，きわめて幸せなことだったと思っている。なかでも，計量社会学という方法に出会えたことは幸運であった。学部生の頃から指導していただいた吉川徹先生，川端亮先生，そして研究室の先輩方のご研究や議論は，計量社会学の面白さを教えてくれるものであった。先生方や先輩方の研究テーマはそれぞれ異なっていたが，社会調査データの統計解析から社会の姿を描き出すというアプローチで共通していた。練り上げられた理論・仮説に対し，現代に生きる人びとの声を集めたデータを用いて数的なエビデンスを与えるという方法は，筆者自身の思考感覚にも合っていたし，その実証性の高さにも大きな魅力を感じた。大学院に進学以降，この方法論と前述の"思い"が結びつき，「利他の計量社会学」に取り組むことにしたのである。

　本書は，そうして取り組んできた一連の研究の成果である博士論文を，より

読みやすく1冊の書籍として書き直したものである。本書で何度も述べてきたように，ボランティアを計量的に取り扱う研究は，マイナーである。日本の社会学ではこのような研究をする人間はほとんどいないため，学会発表では具体的な議論に入りにくい，と寂しい思いをしたことが何度もある。傍流の研究ではあったが，それでもこうして1つの形にまとめ，世に生みだすことができたのは，多くの方々のご助力とご理解のおかげである。そうした方々に対して，この場を借りて深く感謝の意を表したい。

　学部・大学院の指導教員である吉川徹先生は，筆者が研究の道に進むきっかけとなった恩師であり，計量社会学の基礎から，応用としての社会意識研究，発表・論文での議論の仕方まで，あらゆることを教えていただいた。ご自身の精力的な研究活動の傍ら，投稿論文や博士論文の相談に応じていただき，いつも心強いご助言をいただいた。本書も，吉川先生が出版社への紹介の労をとってくださったおかげで刊行することができた。吉川先生が，細いわが道を突き進もうとする筆者を否定せず，広い心で見守ってくださったおかげで，今の私がある。

　同じく学部生の頃からお世話になった川端亮先生には，宗教社会学者の立場から宗教性に関する発表・論文に対し，貴重かつ適切なご助言をいただいた。川端先生のご研究やご指導のおかげで研究テーマが深まり，自分が本当に知りたいことを探究することができた。また，元来せっかちで落ち込みがちな筆者に「生き急ぐな」と諭し，自信を取り戻させてくれる有り難い存在でもあった。川端先生の学生への向き合い方は，教育の一端を担う筆者にとっての目標にもなっている。おふたりの先生方に，心より感謝を申し上げたい。

　そのほかにも，大学院では多くの先生方にお世話になった。稲場圭信先生には，第5章の元となった英語論文のチェックをしていただいたほか，被災地でのフィールド調査に幾度も連れて行っていただき，ボランティアと宗教性の臨床的意味を考える機会をいただいた。「宗教の社会貢献」に関する稲場先生の理論的・実践的なご研究があったからこそ，筆者の計量的研究が成り立ったとさえ思っている。また社会心理学者の渥美公秀先生にも，災害ボランティアのグループ・ダイナミクス研究から多くの示唆をいただき，研究会発表の際にも有意義なコメントをいただいた。社会福祉学者の斉藤弥生先生には，地域福祉

におけるボランティア活動の意味や課題について教えていただいた。霊長類の行動を研究されている中道正之先生と山田一憲先生には、社会学の視点だけは思いもよらないような刺激的な論点や諸研究を教えていただいた。博士論文の公聴会の際、主査の吉川先生に「これぞ人科（じんか、人間科学研究科の通称）らしい博士論文」と評していただいたとおり、人科の諸先生方のご研究にふれたおかげで本書が完成したと思っている。育てていただいたことに、厚く御礼を申し上げたい。

また、同じ時を一緒に過ごした大学院時代の先輩、同輩、後輩の皆さんには、楽しくも苦しい研究生活を最も身近なところで支えていただいた。とりわけ先輩方には、ゼミや研究会で救いとなるコメントをくれたり、論文に真っ赤になるまで添削してくれたり、悩みを聴いてくれたり……と、何から何までお世話になった。皆さんがそれぞれの研究テーマにひたむきに取り組み、切磋琢磨し、有意義な知見を発表されていく姿に勇気づけられて、筆者は研究を続けることができた。改めて、謝意を表したい。

そのほかにも、筆者が参加させていただいているSSPプロジェクト、2015年SSM調査研究会、関西計量社会学研究会、各種学会などの場において、多くの方にご指導・ご助言をいただいた。また職場である龍谷大学社会学部の同僚の先生方には、日々の業務を助けていただいているばかりでなく、本書の刊行を応援していただいた。龍谷大学の出版助成という制度的支援のおかげで、本書を世に出すこともできた。周囲の方々のご厚意に、深く感謝申し上げたい。

そして、有斐閣の四竈佑介さんには本書の刊行にあたり多大なるご尽力をいただいた。単著の初出版ということで、他の先生方なら不要であったであろう懇切丁寧な指導とご助言をいただいた。不安なく執筆を進められたのは、四竈さんのサポーティブな伴走のおかげである。心より感謝している。

このように振り返ってみると、本当に多くの方々の「利他」に支えられて本書を生みだせたと身に染みて感じている。そういった方々のご恩に報いるような1冊になった……と願いたいが、至らない部分があるのはすべて筆者の能力・努力不足によるものである。まだまだ未熟ではあるが、本書を手に取っていただいた読者の方にとって、現代社会におけるボランティアや「利他」について考えるヒントになればこの上ない喜びである。

最後に，生まれたときから「利他」のロールモデルを示してくれた両親，いつも変わらず応援してくれるきょうだいたちに，感謝の意を伝えたい。そして，生活面でも研究面でも，いつも機嫌よく気持ちのいい「利他」を発揮してくれる夫・柴田悠に感謝を捧げたい。

　2016 年 10 月

三谷はるよ

事項索引

◆ア行

愛着仮説　106
アイデンティティ　20
アソシエーション　15, 16
新しい市民社会論　15, 16
意図せざる結果　165
祈　り　131, 133, 134
インフォーマルセクター　18
インフォーマルな援助行為　172, 175
インフォーマルな活動　26
インフォーマルな行為　8
インフォーマルなボランティア行動　57, 85-87, 98, 104-109, 111, 113
インフォーマルな領域　9, 85, 113, 153, 159
SSM 調査（社会階層と社会移動全国調査）　27, 58, 59, 69
SSM1995　59, 67-69, 75, 80
SSM2005　67, 68
SSP-I2010（格差と社会意識についての全国調査〈面接〉）　59, 69, 75, 79, 80
SSP-P2010（格差と社会意識についての全国調査〈郵送〉）　59, 89, 108

NPO　3, 5, 18, 19, 26, 28, 30-32, 165, 170, 174
NPO 法　114
援助行為　8-10, 57, 85-92, 95-99, 110, 111, 113, 114, 116, 159, 176
思いやり　49

◆カ行

介護の社会化　97
介護保険制度　97
カイ二乗検定　72, 91
階層的二相性（K パターン）論　86, 88
拡散宗教　120, 121
拡散的宗教性　121, 122, 124, 131, 133, 134
　　──とボランティア行動　132, 133
学　習　51, 142, 153, 154, 166, 168
学　歴　159
加護観念　10, 120, 123, 125, 126, 128, 131-135, 144, 148, 150, 151, 160, 166
下層一層性　92
家族主義　155
機会費用仮説　44

205

疑似相関　132, 133
記述統計　71, 72, 91, 92, 126, 127, 145, 146
ギャラップ世界世論調査　35, 49
教育水準　43, 78, 113, 160, 161, 163, 164, 176
　——の効果　162, 167
教育年数　109, 111-113, 162
教会出席　49, 62, 107, 121, 122
教会出席率　50
共　感　40, 41, 45, 46, 61
共感性　10, 46, 47, 54, 55, 57, 103, 104, 106, 109, 113-115, 132, 133, 143, 144, 146, 148, 151, 152, 159, 160, 162, 166, 167, 169
　——と向社会的行動　46, 105
　——とボランティア行動　106
共感的関心　46, 47, 62
共感的態度　123
共感-利他主義仮説　46
共感理論　9, 31, 40, 54-56, 159, 167
教義的信念　123
共　助　3, 4, 7, 31, 170, 174
教団所属　125, 126, 128, 131
近代化　20, 25
近代社会　166
　——と宗教　48
グッドマンとクラスカルのγ　72, 145
Cramer's V　72-75
経験の次元（→宗教性の諸次元）　121-123, 125, 126, 132

経済的資源　145
啓蒙的研究　9, 25, 28-30
計量社会学　3
計量的アプローチ　6
計量的ボランティア研究　6, 7, 30, 31
結果の次元（→宗教性の諸次元）　121, 122, 125, 126, 135
Kパターン　87, 88, 91-93, 95
現代社会論　9
高階層　9, 43, 164, 165
　——傾向　68, 97
後期近代　20, 29, 174
公共性　17
向社会的行動　8, 45, 47
向社会的態度　53, 142-144, 154
構造方程式モデリング　148
公的実践の次元（→宗教性の諸次元）　121, 122, 125, 126
高等教育　11, 154, 162, 167, 170, 174, 176
合理的選択理論　41, 42, 46, 61, 164
高齢化　98
高齢者ケアの専門職化　97
国際比較　58, 122, 162, 172
互酬性　60
個人化　7, 9, 20, 21, 25, 29, 98, 170
個人主義　20
個人的宗教性　50, 121
個人的な宗教的態度　107, 109
コスト　41, 164
　——と利益　41

固定効果モデル　80, 81
固定効果ロジット・モデル　75
個票データ　39
コミュニケーション的行為　16
コミュニティ　21, 171, 175
ゴールドプラン　97

◆サ行

災害ボランティア活動　27, 105, 172
再帰的近代　20
サードセクター　3, 11, 18, 19, 30, 32, 169
参加型福祉社会　19
参加する福祉の体現者　17, 22
参拝頻度　125, 126, 128, 131-133, 156
GSS（General Social Survey）　47
資源　40, 41, 176
　──多寡　41
資源仮説　42, 43
資源モデル　24
資源理論　9, 31, 40-42, 44, 54-56, 159, 164, 167
被災経験　132
市場セクター　18
慈善　86
実践の次元（→宗教性の諸次元）　120
質問紙調査　6
私的実践の次元（→宗教性の諸次元）　122, 125, 126, 132
時点間比較分析　68

視点取得　46, 144
市民参加　18, 19
　──における階層平等性　174
市民社会　15-17, 25, 26, 134, 166, 174
市民社会論　9, 15, 17, 29, 119
社会化　11, 41, 51, 52, 54, 62, 63, 134, 139, 140, 152, 154, 163, 166, 167, 169, 170, 172, 175, 176
　──の担い手　140
　──プロセス　11, 57, 140, 142, 152, 153, 167
社会階層　43, 68, 87, 88, 91
　──と援助行為　91
　──とボランティア活動参加　27, 77
社会化エージェント　11, 52, 55, 57, 63, 140, 142-145, 148, 152, 154-156, 160, 166, 171, 174
　──とボランティア行動　53
　──とボランティア活動参加の相関関係　145
社会化モデル　167-170, 172-174
社会化理論　9, 31, 40, 51, 55, 56, 159, 167
社会環境　11, 51, 52, 139, 160, 166-168
社会関係資本　16, 60, 134
社会経済的資源　9, 47, 54, 55, 57, 67, 68, 91, 98, 103, 105, 111-113, 139, 145, 159, 164, 166
　──と主観的性質　10, 103, 104,

110, 114
　　──とボランティア活動参加　68
　　──とボランティア行動　24, 67
社会経済的地位　162
社会経済的・文化的構造　5-7, 168
社会生活基本調査　35, 37, 69, 88
社会的活動　37, 69, 70
社会的企業　19, 31
社会的行為　4
　　──の説明理論　31, 54
社会的交換理論　60
社会的つながり　50
社会奉仕　37
宗　教　48
　　──的な学校教育　53
　　──的な心　109, 113, 115, 120
　　──的なコミュニティ　50
　　──的な信念　50
　　──的な母親　153-155
宗教性仮説　49
宗教教育　141-143
宗教社会学　119
従業上の地位　44, 109
宗教心のある親　53, 141, 142
宗教心理学　153
宗教性　10, 41, 48, 50, 55
　　──とボランティア行動　119
　　──の程度　128
宗教性の諸次元　10, 57, 119, 121, 130, 134, 160
　　──とボランティア行動　128
宗教的信念　49

宗教的態度　10, 53, 55-57, 103-107, 113-115, 119, 142, 143, 148, 152, 156, 159, 160, 166, 167, 169
宗教的ネットワーク　63
宗教理論　9, 31, 40, 55, 56, 159, 167
集合行動論　60
集合的宗教性　121, 124, 131, 133
縦断調査　172
収　入　43, 44, 159
主観的性質　11, 24, 47, 57, 103-106, 109, 111-115, 160, 166
順位相関係数　145
順序ロジット・モデル　111, 112, 130, 131
少子高齢化　3, 7, 18, 19, 170
状態共感　46
職業的地位　159
人口学的要因　58
信心の自己評定　125, 126, 128, 135
信念の次元（→宗教性の諸次元）
　　120, 122, 123, 126, 132
スピリチュアリティ　108, 123
生活世界の危機　15
生態学的効果　171
性　別　58
世界価値観調査　122
世帯年収　109, 111, 113
説明的研究　9, 23, 26, 29, 30
相関係数　91, 92
相互扶助　26, 86, 96-98
相互扶助的行為　87, 89, 95-99, 116
ソーシャル・キャピタル　16, 60,

170
　——の起源　154
ソベル検定　156

◆タ行

第1次社会化　140
対人的反応性指標　47, 109, 144
第2次社会化　140
多元的宗教性　119
他者援助を重視する学校教育　52, 141-143
他者を援助する大人　52, 141-143
脱階層化　78, 79
多変量解析　40, 75, 88, 93, 110, 129, 130, 145
誰がなぜ，ボランティアになるのか
　4, 24, 30, 35, 40, 48, 103, 139, 159
地域社会学　26
地域のソーシャル・キャピタル　153
低階層　10
低階層傾向　97
低コスト仮説　106
統合理論　9, 55, 56, 159, 160, 167, 173
特性共感　46
特定非営利活動促進法　114

◆ナ行

二項ロジット・モデル　93
日本型福祉社会論　19
日本人特有の宗教的態度　107

日本人の宗教意識　123
日本版総合的社会調査（JGSS）　27, 58, 122
認知的能力　162, 163
認知バイアス　154, 155, 172
ネットワーク　28, 43, 49, 114, 119, 120, 133, 134, 176
ノブレス・オブリージュ　165, 173, 176

◆ハ行

ハイブリッドな概念枠組み　22
ハウスマン検定　81
母参拝頻度　144, 146, 148, 150, 151
阪神・淡路大震災　5, 11, 17, 27, 37, 107, 114, 164
東日本大震災　3, 38, 172
非教団所属者　119, 120, 128, 131-135, 156
　——のボランティア行動と宗教性　120
被災経験　133
人助けする近所の人　152, 155, 171
広い視野　162, 163, 167, 175, 176
Vパターン　87, 95, 97, 99
フォーマル・インフォーマルなボランティア行動　10, 57, 159
フォーマルな活動　26
フォーマルな行為　8
フォーマルなボランティア行動　9, 57, 67, 79, 87, 104-108, 113-115, 159, 161, 164

フォーマルな領域　154
福祉国家　17, 18
　——の危機　18
福祉社会　17, 18, 31
福祉社会学　26
福祉社会論　9, 29
福祉多元主義　18
仏壇・神棚前での祈り　126, 128, 131
プロボノ　174
文化資本　134
変量効果モデル　81
奉仕　86
ホモ・エコノミクス　41, 45
ボランタリー・アクション　5
ボランタリー・アソシエーション　5
ボランタリズム　28
ボランタリー組織　32, 50
ボランティア活動　8, 11, 111, 172, 173
　——と信仰に関する調査　59, 124, 143
　——の意義　21
　——の多様化　97
ボランティア活動参加　8-10, 57, 67, 68, 71, 72, 75, 77-79, 110, 111, 113-115, 126, 128, 130, 145, 146, 148, 151, 159, 161
　——における社会的不平等　25
　——に対する学歴の影響　78
　——の高階層傾向　77

ボランティア活動率　36-39
ボランティア元年　5, 12, 173
ボランティア研究　119
　——の3類型　22
ボランティア行動　4, 6, 7
　——の概念　8
　——の規定要因　6, 26, 140, 169
　——の社会化プロセス　53
　——の生起メカニズム　4, 5, 7, 23, 30, 31, 41, 56
　——の説明理論　40
　——のフォーマル／インフォーマル性　103, 107
　——の2つの原理　85
　——の最も一貫した予測因子　43, 78, 113
ボランティアという語　86
　——の普及　38
ボランティアになる　3, 4
ボランティアの社会的機能　19
ボランティアの動機　24
ボランティアリズム　168, 170, 173, 175
本人参拝頻度　144, 150, 151

◆マ行

見せかけの関係　39, 88, 129
民主主義　17
　——の体現者　15, 22
無自覚の宗教性　107, 115
物語的研究　9, 24, 27, 29, 30

◆ヤ行

郵送質問紙調査　124, 144

◆ラ行

Λパターン　87, 89, 91-93, 95-100
ランダム効果モデル　80
ランダム効果ロジット・モデル　75
利　益　41, 61, 163, 164
リスク　3, 20
利　他　4, 31, 166, 168, 169, 175
　──的な行為　48
　──的な個人主義　21
利他主義　21, 46, 62
流動化した近代　20

領域横断的なアプローチ　30, 47, 103
領域横断的な視座　31, 40
理論間の関係性　54
霊魂観念　123, 125, 126, 128, 135
連帯の体現者　19, 22
ロジット・モデル　93
ロールモデル　11, 144, 160, 166, 167, 170, 174
ロールモデル（近所の人）　144, 146, 148, 150, 151

◆ワ行

ワーディング　69, 70, 99

人名索引

◆ア行

アイゼンバーグ, N. 46
安立清史 19
石井十次 62
稲場圭信 107, 123
今田高俊 21
ウィルソン, J. 23, 42
ウィレンスキー, H. L. 18
ウェーバー, M. 4
ウスノー, R. 21, 49
大熊一夫 19
大村英昭 120, 121, 135
岡本仁宏 17

◆カ行

賀川豊彦 62
片山潜 62
金児曉嗣 123, 135
川端亮 59
河畠修 107
菊池章夫 144
吉川徹 59, 163, 176
ギディングス, F. H. 63
グロック, C. Y. 120, 121, 135
小林良二 85

ゴールドソープ, J. H. 18
コールマン, J. S. 61
コーン, M. L. 175

◆サ行

斉藤弥生 19
佐藤慶幸 5, 28
シプリアニ, R. 135
ジンメル, G. 51, 63
鈴木広 86, 89, 90, 96, 97
スターク, R. 120, 135
スミス, A. 41, 45, 62

◆タ行

タニグチ, H. 32
チャーマーズ, T. 62
デイビス, M. H. 46, 109, 144
ディマジオ, P. J. 22
寺沢重法 122, 134
留岡幸男 62

◆ハ行

バウマン, Z. 20
ハスティンクス, L. 22
パーソンズ, T. 4, 51
パットナム, R. D. 16, 17, 49, 62,

119
バトソン, C. D.　46, 62
バーネット, S.　62
ハーバーマス, J.　15-17
ブルデュー, P.　4
ペストフ, V. A.　19, 31
ベック, U.　20, 21
ペナー, L. A.　47
ベバリッジ, W. H.　85
ベラー, R. N.　21
ホフマン, M. L.　45
ホーマンズ, G. C.　61, 176

◆マ行

マザー・テレサ　62
見田宗介　135
ミュージック, M. A.　23, 42

◆ヤ行

山田昌弘　20

◆ラ行

ロブソン, W. A.　18

●著者紹介

三谷はるよ（みたに　はるよ）

龍谷大学社会学部准教授。博士（人間科学）。
大阪大学大学院人間科学研究科博士後期課程修了，博士号取得。
日本学術振興会特別研究員（DC2），大阪大学大学院人間科学研究科助教，龍谷大学社会学部専任講師などを経て，2020年4月より現職。2015年，第3回福祉社会学会賞（奨励賞）受賞。2017年，第15回日本NPO学会賞（林雄二郎賞）受賞。

主要著書に，*Social Change in Japan, 1989-2019: Social Status, Social Consciousness, Attitudes and Values*（分担執筆，Routledge，2020年），『よくわかる福祉社会学』（分担執筆，ミネルヴァ書房，2020年），『社会意識からみた日本――階層意識の新次元』（分担執筆，有斐閣，2015年）など。

ボランティアを生みだすもの　●利他の計量社会学
How They Become Volunteers?: The Quantitative Sociology of Altruism

2016年11月25日　初版第1刷発行
2021年 8月30日　初版第2刷発行

著　者　三谷はるよ
発行者　江草貞治
発行所　株式会社 有斐閣
　郵便番号 101-0051　東京都千代田区神田神保町 2-17
　電話 (03)3264-1315[編集] (03)3265-6811[営業] http://www.yuhikaku.co.jp/
印　刷　株式会社精興社
製　本　大口製本印刷株式会社
Ⓒ 2016, Haruyo Mitani. Printed in Japan.

★定価はカバーに表示してあります。　　　　落丁・乱丁本はお取り替えいたします。

ISBN 978-4-641-17427-6

JCOPY　本書の無断複写（コピー）は、著作権法上での例外を除き、禁じられています。複写される場合は、そのつど事前に、(社)出版者著作権管理機構（電話03-3513-6969、FAX03-3513-6979、e-mail:info@jcopy.or.jp）の許諾を得てください。